MAY   2016

D0897087

la conexión
de la
mente

MAY 2016

la conexión de la mente

JOYCE MEYER

**CENTER
STREET**

NEW YORK   BOSTON   NASHVILLE

Copyright © 2015 por Joyce Meyer
Traducción al español copyright © 2015 por Casa Creación/
Hachette Book Group, Inc.

Traducido por: M & L Enterprises Group, LLC

Todos los derechos reservados. Salvo los permisos del U.S.
Copyright Act de 1976, ninguna parte de esta publicación será
reproducida, distribuida, o transmitida en cualquier forma o por
cualquier manera, ni será almacenada en cualquier sistema de
recuperación de datos, sin el permiso escrito de la casa editorial.

A menos que se indique lo contrario, el texto bíblico ha sido
tomado de la versión Reina-Valera © 1960 Sociedades Bíblicas
en América Latina; © renovado 1988 Sociedades Bíblicas
Unidas. Utilizado con permiso. Reina-Valera 1960® es una
marca registrada de la American Bible Society, y puede ser usada
solamente bajo licencia.

Las escrituras marcadas como "NVI" son tomadas de La Santa
Biblia, Nueva Versión Internacional® NVI® Copyright © 1999
por Biblica, Inc.® Usada con permiso. Todos los derechos
reservados mundialmente.

Las escrituras marcadas como "NTV" son tomadas de la Santa
Biblia, Nueva Traducción Viviente, © Tyndale House Foundation,
2010. Usado con permiso de Tyndale House Publishers, Inc.,
351 Executive Dr., Carol Stream, IL 60188, Estados Unidos de
América. Todos los derechos reservados.

This edition published by arrangement with FaithWords, New
York, New York, USA. All rights reserved.

FaithWords
Hachette Book Group
1290 Avenue of the Americas
New York, NY 10104
www.faithwords.com

Impreso en los Estados Unidos de América

RRD-C

Primera edición: Septiembre 2015

10 9 8 7 6 5 4 3 2 1

FaithWords es una división de Hachette Book Group, Inc.

El nombre y el logotipo de FaithWords es una marca registrada de
Hachette Book Group, Inc. La editorial no es responsable de los
sitios web (o su contenido) que no sean propiedad de la editorial.

International Standard Book Number: 978-1-4555-3242-1

CONTENIDO

Introducción

INTRODUCCIÓN

¿Son al azar o carentes de sentido sus pensamientos, o afectan su vida en maneras que quizás aún no ha entendido? ¿Le llegan meramente a la mente provenientes de las circunstancias y eventos a su alrededor, sólo de paso sin sentido ni efecto, sin rumbo y haciendo nada, o será posible que lo que usted piensa afecta su hablar, sus actitudes, decisiones y emociones? ¿Pueden sus pensamientos afectar su comportamiento y hasta sus relaciones? Creo que afectan cómo usted se relaciona consigo mismo, con los demás, con Dios, y con todas sus circunstancias.

Tal vez usted nunca le ha prestado atención a estas cosas. Sé que durante la mayoría de mi vida, no lo hacía. No le presté atención alguna a lo que pensaba ni hice la conexión entre mis pensamientos y el resto de mi vida. Pero el Señor me ha enseñado muchas cosas por medio de su Palabra acerca de la conexión de la mente desde aquellos primeros días, y me emociona compartir aquellas verdades con usted en las páginas de este libro.

En los capítulos siguientes, quiero tratar tres asuntos distintos. Primero, debemos entender el poder de nuestros pensamientos y cómo están conectados a la manera en que respondemos a todo lo demás en la vida. Segundo, deseo fuertemente mostrarle cómo pensar a propósito en vez de tener una mente pasiva. Y tercero, espero darle una idea de qué hacer cuando usted siente que ha perdido control de los pensamientos, y cómo recuperar y mantener la posición mental correcta.

Los días que la gente parece no recuperar el control de sus pensamientos, pueden sentirse así como: "¡Siento que pierdo la cabeza!". De cierta manera lo está, porque parece no poder controlar los pensamientos que están dando vuelta en ella. Pero cuando usted siente que pierde la cabeza, hay maneras de recuperarla, las cuales le compartiré a través de este libro.

Nuestro primer impulso es asumir que no somos responsables por lo que pasa por nuestras mentes y que simplemente no hay nada que podamos hacer al respecto, pero eso no es cierto. La Palabra de Dios nos da instrucciones claras en cuanto a en qué pensar y en qué no. También nos enseña que tenemos la capacidad de escoger, y así retener los pensamientos buenos y desechar los malos, los cuales envenenan nuestras vidas. Somos instruidos a derribar argumentos y toda altivez que se levanta contra el conocimiento de Dios, y llevar cautivo todo pensamiento a la obediencia a Cristo (vea 2 Corintios 10:4-5).

Por medio del estudio de la Palabra de Dios, aprendí que mis pensamientos me estaban arruinando la vida, y si yo quería disfrutar de una calidad de vida distinta, tendría que comenzar a controlarlos. Comencé a estudiar de manera seria la Palabra de Dios en el 1976, y aprendí rápidamente que Dios tenía un plan para mi vida, pero tenía que aprender a estar en acuerdo con Él en mi manera de pensar para poder realizarse (vea Romanos 12:2). Saqué esta frase: "Donde va la mente, la sigue el hombre", y puedo decir con toda seguridad que si usted necesita un cambio en cualquier área de su vida, deberá comenzar con un cambio en su mente. Tenemos la oportunidad de pensar tal como Dios para así poder tener lo que Dios quiere que tengamos, hacer lo que Él quiere que hagamos y ser quiénes Él quiere que seamos.

Mi primer libro sobre el poder de los pensamientos es titulado *El campo de batalla de la mente*, y el segundo se llama *Pensamientos de poder*. Ahora, en este tercero, espero más que nunca demostrar la conexión entre nuestra mente, boca, estados de ánimo y actitudes, entre otras cosas. He escrito extensivamente sobre este tema porque creo de todo corazón que el tema es de vital importancia, y que nuestros pensamientos son, de hecho, una de las áreas de vida más difíciles de dominar. Nunca podremos aprender demasiado sobre este tema tan importante. No tiene que permitir que fuerzas externas le controlen a usted más. Con la ayuda de Dios, podrá comenzar a pensar por sí mismo hoy, recordando que cada uno de sus pensamientos tiene algún tipo de efecto sobre usted, su vida y, a menudo, la gente a su alrededor.

Es emocionante darse cuenta que podemos tener alguna medida de control sobre nuestras palabras, estados de ánimo y actitudes por medio de aprender a pensar mejor. Podemos causarnos a nosotros mismos tristeza, enojo o alegría por causa de lo que pensamos y cómo hablamos. Podemos aumentar o disminuir nuestro gozo y nuestra paz. Piense en la mente como la gasolina de su automóvil. Su automóvil correrá bien, o tal vez ni siquiera funcionará, dependiendo del tipo de combustible que usted le ponga. De la misma manera, cuando usted escoge sus pensamientos cuidadosamente, su calidad de vida mejorará de manera asombrosa. Oro que este sea un libro que cambie su vida y sea uno que lea vez tras vez, y también lo recomiende a sus amistades.

SECCIÓN I

Cómo sus pensamientos afectan su visión de la vida

CAPÍTULO I

La vida que siempre ha deseado vivir

El ladrón no viene sino para hurtar y matar y destruir; yo he venido para que tengan vida, y para que la tengan en abundancia.

Juan 10:10

Era la época de la primavera y todo había comenzado a florecer. Usualmente la primavera es una época del año que la gente realmente disfruta. La falta de vida y el frío del invierno se han acabado, y la primavera nos recuerda de la esperanza y el crecimiento nuevo. Julie realizaba su limpieza primaveral, cambiando el ropero de ropa invernal a primaveral, y contemplando sembrar algunas flores coloridas en su patio. Todo parecía brillante y lleno de esperanza, pero luego, su esposo Charlie, llegó a casa del trabajo con malas noticias. ¡Lo habían despedido del trabajo! Se le hizo muy difícil a Julie tenerle empatía, debido a que fue el cuarto empleo del cual lo habían despedido en un período de siete años.

Aunque Julie solía ser muy positiva y serena, la noticia que Charlie le trajo la estaba molestando. Le dijo a ella que no se enojara, porque él conseguiría otro empleo, pero Julie sabía que había un problema más profundo con el cual Charlie no quería enfrentarse ni tampoco lidiar con él. Si lo hubieran despedido de uno, tal vez hasta dos trabajos, ella quizás hubiera estado de acuerdo con que habría sido un jefe cascarrabias, o algún problema con otro empleado. Pero luego de cuatro empleos, ella sabía que de alguna manera Charlie era el responsable. No sólo había sido despedido de cuatro trabajos, tampoco podía mantener las amistades. Vea, con Charlie era muy difícil llevarse. Era negativo, se quejaba frecuentemente y tenía la habilidad de oscurecer cualquier ambiente en unos pocos minutos.

Charlie se había enojado con su jefe, de quien decía no reconocía los talentos de Charlie, y estaba seguro que lo estaba tratando injustamente. Él estaba molesto con sus compañeros de trabajo porque, decía él, no lo querían y se quejaban con el jefe acerca de él. El enojo no era nada nuevo para Charlie; de hecho, la mayoría del tiempo se la pasaba enojado acerca de una u otra cosa. Sentía que no era naturalmente talentoso, ni tampoco tan privilegiado como la mayoría de la gente que él conocía, y lo resentía. A menudo se quejaba que la vida le había hecho una mala jugada. "La vida me lanzó debajo de la guagua" era una de sus declaraciones favoritas de autoconmiseración. Les echaba la culpa a sus padres, maestros y colegas por muchas cosas en su vida. Creía que todos tenían la culpa, menos él.

Aunque sí era cierto que Charlie tuvo algunas desventajas cuando crecía, también tuvo la misma oportunidad que todos los demás tenemos de gozar y disfrutar de una buena vida. Me gusta decir que cómo comenzamos la vida no es tan importante que cómo la terminamos. De nuestro principio tal vez no tengamos el control, ¡pero del final sí!

La verdad era que Charlie había sido despedido del trabajo porque era una persona que pensaba muy negativamente. Tenía una actitud de creerse con derechos que lo hacía sentir que merecía mejor trato sin hacer su parte para merecerlo. Mientras estaba de pie en la cocina, contándole a Julie todo acerca del alegado trato injusto, no se daba cuenta que repetía el mismo patrón que había seguido durante toda su vida, y que repetiría vez tras vez a menos que estuviera dispuesto a dejar de culpar a todos los demás por sus problemas, y responsabilizarse por los cambios que tenía que tomar.

Disfrutar de su vida comienza con una decisión

Aunque no siempre tengamos el poder de cambiar toda circunstancia desagradable en nuestra vida, sí tenemos el poder de cambiar nuestro panorama. Podemos mirar hacia afuera desde lo profundo de nuestro ser con nuestros corazones llenos de pensamientos y actitudes positivos, o podemos responder tal como lo hizo Charlie: permitiendo que los eventos de la vida formen nuestros pensamientos y actitudes. Esta es una decisión que sólo podemos tomar nosotros: ¡nadie más la podrá tomar por nosotros!

¡Creo firmemente que, en resumidas cuentas, todo lo que queremos en la vida es ser feliz! ¡Queremos disfrutar de ella! Tristemente, podemos desperdiciar la mayor parte de la vida con el concepto erróneo de que el gozo y el disfrute provienen de nuestras circunstancias, pero la verdad es que provienen de nuestra actitud hacia cada circunstancia en vez de las circunstancias mismas. Obviamente, nadie disfruta de una circunstancia preocupante o dolorosa, pero si lo vemos de una manera esperanzada y llena de fe, podemos ver a Dios obrar para el bien nuestro en todo (vea Romanos 8:28).

Disfrutar de la vida comienza con los pensamientos que usted escoge para sí. Sí, ¡es así de sencillo! No importa lo que esté aconteciendo en su vida hoy, si escoge

> *Disfrutar de la vida comienza con los pensamientos que usted escoge para sí.*

pensamientos felices y llenos de esperanza, usted se *sentirá* más feliz. Nuestros pensamientos están conectados intrincadamente a nuestros sentimientos, así que si queremos sentirnos mejor, tenemos que pensar mejor. Sea honesto consigo mismo. Piense acerca de lo que usted ha estado enfocado mentalmente y sobre cómo se ha sentido emocional y hasta físicamente. Me siento seguro que usted verá una conexión definida. Nada bueno proviene de tener pensamientos amargados, críticos y negativos, pero algo bueno siempre proviene de pensar de acuerdo con el plan de Dios para nuestra vida. Claro, usted no puede hacerlo si no conoce el plan de Dios, así que tomemos unos cuantos párrafos para compartir lo que enseña la Palabra de Dios.

En las primeras páginas de la Biblia, vemos esta declaración:

> *A los cielos y a la tierra llamo por testigos hoy contra vosotros, que os he puesto delante la vida y la muerte, la bendición y la maldición; escoge, pues, la vida, para que vivas tú y tu descendencia.*
>
> Deuteronomio 30:19

Es sabio aprender rápido que la vida nos ofrece bendiciones y maldiciones, el bien y el mal, y es nuestra responsabilidad escoger el bien si eso es lo que queremos tener. ¡Esto es lo que significa ser libre! Tenemos el derecho de escoger, pero también debemos darnos cuenta que cada decisión trae consigo una consecuencia, y no podemos tener el uno sin el otro. No importa lo que haya sucedido en su vida antes de poder tomar sus propias decisiones, el hecho es que si usted toma decisiones buenas, los resultados de aquellas decisiones al fin y al cabo cancelarán cualquier cosa mala que haya sucedido antes. Podemos vencer al mal con el bien (vea Romanos 12:21). Hay un sinnúmero de testimonios de personas que han soportado circunstancias horrendas a temprana edad, pero mediante una fe fuerte en Dios, buenas decisiones y arduo trabajo, pudieron cambiar sus vidas para un bien mayor.

Dios nos ofrece a cada uno una oportunidad de tener una buena vida. ¡Sus promesas son para todos aquellos que creen! Todos creemos algo, así que ¿por qué no hacerlo algo bueno?

Todos creemos algo, así que ¿por qué no hacerlo algo bueno?

Dios nos ha prometido la salvación, redención, restauración, gozo, paz, su presencia constante en nuestras vidas, y su poder de asistir en todo lo que hagamos. Él desea que disfrutemos de una relación íntima con Él por medio de Jesucristo y buenas relaciones con otras personas. Él quiere prosperarnos, hacernos fuertes en Él y vernos disfrutar de nuestra posición de justos con Él mediante nuestra fe en Jesús. Él pone delante de nosotros la vida y la muerte, la bendición y la maldición, ¡y nos insta a escoger la vida! No tenemos ni que averiguar qué hacer: sólo tenemos que hacer lo que Él nos sugiere. ¡Escoja la vida! ¡Escoja la bendición! ¡Escoja el bien!

Escoger el bien no quiere decir que simplemente nos cae del cielo sin ningún esfuerzo de nuestra parte, pero el esfuerzo que hagamos es uno dirigido divinamente y energizado por Dios mismo. Nunca nos pide que hagamos algo sin empoderarnos para hacerlo.

Mi padre abusó sexualmente de mí por casi quince años. Aunque mi madre estuvo al tanto de lo que él hacía, ella nada hizo para frenarlo, y eso, por supuesto, me dejó abandonada, abusada, sola y con miedo. Tal como lo hacemos todos, finalmente crecí y me fui de casa, pensando que había dejado el problema atrás. Sin embargo, después de sufrir mental, emocional y relacionalmente por alrededor de veinticinco años más, aprendí por medio de la Palabra de Dios que aunque haya dejado atrás el problema, los resultados del mismo fueron grabados en mi alma. La manera despreciable que fui criada había afectado mi manera de pensar, y todas las demás áreas en mi vida. Mi actitud fue muy semejante a la de Charlie. Estaba llena de autoconmiseración y enojo por causa de mi pasado, totalmente inconsciente que afectaba diariamente todo lo que pensaba, decía, sentía y hacía. Cuán trágico es cuando la contestación a nuestros problemas está justamente frente a nosotros, pero o nos falta la sabiduría o estamos demasiado engañados para verla.

Uno no tiene que soportar la tragedia para poder desarrollar malos hábitos en su vida de pensamientos. Creo que es seguro decir que la mayoría de la gente tiende a permitir que fuerzas externas controlen su manera de pensar en vez de generar sus propios pensamientos desde adentro. Es bastante posible que la mayoría de la gente no se da cuenta que ella puede escoger sus propios pensamientos y hacer el esfuerzo para hacer justamente eso.

Me gusta decir: "Nada sucede por accidente". Puede contraer una enfermedad, pero no puede contraer la salud. De la misma manera, no podemos contraer una manera buena de pensar. Tendremos que escoger pensamientos buenos, positivos y agradables a Dios intencionalmente cada día de nuestra vida. No creo que jamás lleguen tan automáticamente que nunca tengamos que hacer un esfuerzo primero. Pero sí sé, de la Palabra de Dios y la experiencia, que si dejamos nuestras mentes vacías y sin frutos, nuestro enemigo, el diablo, será más que feliz de llenarlas con todo tipo de pensamiento que existe que roba la vida.

En un esfuerzo de mostrar cómo el enemigo ataca nuestras mentes, déjeme compartirle cómo acabo de darme cuenta que el diablo me estaba atacando la mente con pensamientos negativos mientras escribía este mismo libro, instruyéndoles a otros a no hacer lo mismo. El Espíritu Santo causó que yo reconociera que han venido susurros vagos y negativos en el oído toda la mañana tales como: "No tienes la creatividad que necesitas hoy. Solo pospón para mañana el seguir escribiendo". El diablo es furtivo y se encubre, así que me detuve por un momento y comencé a orar por mi mente, pidiéndole a Dios que me la protegiera de pensamientos negativos que drenan la energía. La Biblia nos enseña a cubrir todo en oración (vea Efesios 6:18), ¡así que eso fue justo lo que hice! Usted y yo podemos interrumpir los planes del diablo mediante la oración. Dios me ayudó a enfocar mi mente de nuevo y a transmitir el mensaje con precisión.

No estamos exentos de la capacidad del diablo de tentarnos, pero sí podemos resistirle siempre en el nombre de Jesús. Hay días que la batalla de la mente parece implacable, pero la victoria siempre les llega a los que se niegan a darse por vencidos. Thomas Edison dijo: "Nuestra debilidad mayor estriba en darse uno por vencido. La manera más acertada de tener éxito es siempre intentar tan sólo una vez más".[1] Gracias a Dios, estoy bastante familiarizada con las tácticas del diablo y he tenido muchos años para practicar cómo resistirlas, pero sí me doy cuenta que para muchos de ustedes el trayecto hacia pensar bien es tan sólo el comienzo. Le insto a no desanimarse en los días difíciles, porque la diligencia suya valdrá el esfuerzo, trayendo consigo beneficios enormes en el tiempo preciso. Thomas Fuller dijo: "Todas las cosas son difíciles antes de ser fáciles".[2] No se deje vencer por la dificultad de alguna tarea. Cualquier día en que no nos demos por vencidos no acerca un día más al éxito. Pensar bien comienza con una decisión, así que le insto a tomar la suya hoy y cada día de su vida.

> *Cualquier día en que no nos demos por vencidos no acerca un día más al éxito.*

Pensamientos que energizan la vida

La manera de deshacerse de su vieja vida y revestirse de la vida nueva y agradable que Dios nos ofrece es por medio de la renovación diaria de su mente y actitud (vea Efesios 4:22-24). "Diaria" suena algo desalentador, ¿verdad que sí? ¿No le gustaría que las Escrituras dijeran: "Haga esto y disfrutará de la victoria por el resto de la vida"? Sin embargo, no lo dice, y si verdaderamente queremos vivir la vida a plenitud y disfrutar cada momento de ella, tendremos que formar una costumbre de pensar en aquello que energiza la vida en vez de lo que la drena. Una de las maneras sencillas de practicar esto es pensar en lo que usted sí tiene en vez de lo que no tiene, y ser agradecido por cada bendición, sin importar cuán pequeña o insignificante parezca.

Aquí unas citas para tomar en consideración acerca de la gratitud:

> Si un hombre no está agradecido por lo que tiene, es poco probable que esté agradecido por lo que ha de recibir.
>
> Frank A. Clark[3]

> Si quiere cambiar su vida, pruebe la gratitud. Cambiará su vida poderosamente.
>
> Gerald Good[4]

> La aritmética más difícil de dominar es la que nos permite contar nuestras bendiciones.
>
> Eric Hoffer[5]

> Dios le dio un regalo de 86400 segundos al día. ¿Ha usado sólo uno para decir "gracias"?
>
> William Arthur Ward[6]

Una falta de disposición de contar sus bendiciones fue uno de los problemas más grandes de Charlie. Creo que todos estaríamos de acuerdo que él seguramente no estaba tan siquiera un poco agradecido, si lo estuviera en realidad. En vez de agradecerle a Dios que él tenía un empleo, resentía no tener uno mejor. En vez de darse cuenta que sus padres hicieron lo mejor que pudieron por él, creía que no lo amaban lo suficiente como para proveerle mejores oportunidades. Él comparaba todo en su vida con aquellos que tenían más que él, pero nunca se dio cuenta cuánto más tenía comparado con la mayoría de la gente en el mundo.

¿Qué sucedió con Charlie a la larga? Sí perdió un empleo más y estuvo al borde de perder otro, cuando un hombre cristiano del trabajo lo invitó a él y su familia a la iglesia. Julie ya asistía regularmente a la iglesia, pero Charlie siempre rehusaba ir. Esta vez dijo "sí", y resultó ser lo correcto en el momento correcto. Había estado miserable ya lo suficiente; él estaba listo para un cambio. Cuando llegó la oportunidad al final del servicio para recibir a Jesucristo como su salvador, Charlie tomó un paso valiente y se unió a muchos más en decir "sí" a Jesús. Gradualmente, al pasar de los años, mientras Charlie aprendió sobre la nueva manera de pensar y la vida nueva que Jesús nos ofrece, entonces cambió. Él y Julie luego tuvieron dos hijos maravillosos, y Charlie mantuvo su empleo y hasta fue promovido muchas veces. Me encantan las historias con finales felices, ¿y usted? Quisiera que la historia de cada uno terminara en victoria, pero tristemente, muchas no son así. La oportunidad de una vida grande está disponible para todos, pero no todos están dispuestos a hacer lo que se necesita para tenerla.

Las cosas buenas están disponibles para todos nosotros, porque en Dios no hay favoritismo, haciéndole el bien a uno y a otro no. No importa cuán mal le haya ido la vida hasta ahora, ella puede cambiar. Recuerde siempre que usted puede vencer al mal con el bien. La oscuridad no puede vencer a la luz mientras que mantengamos la luz encendida. Encienda la luz en su mente y llene su mente con pensamientos positivos, llenos de esperanza, agradecidos y de gratitud. Mientras lo hace, experimentará una energía divina llenar su alma. Estará en sus palabras, sus actitudes y sus acciones. Todo en la vida se conecta con la mente, y es allí donde ganará o perderá la batalla de tener la vida que siempre ha querido.

¡Piénselo!

- No importa por lo que está atravesando, usted tiene la oportunidad de disfrutar su vida.
- Disfrutar su vida comienza con los pensamientos que escoge.

- Renovar la mente no es una decisión de una sola vez: es una decisión diaria de tener pensamientos positivos, llenos de esperanza y agradables a Dios.
- Si está dispuesto a hacer lo que se necesita, usted puede tener una vida grandiosa, porque cada parte de su vida está conectada a su mente.

CAPÍTULO 2

Mente, boca, estados de ánimo y actitudes

Nunca está usted muy viejo para fijar otra meta o tener un sueño nuevo.

C. S. Lewis

¿Le gustaría estar de buen humor todos los días? Seguramente está pensando: *Sí, claro que quisiera. ¿A quién no?* Pasé muchos años siendo controlada por una diversidad de estados de ánimo y creyendo que no tenía una decisión en cuanto a cómo me sentía. Envidiaba a toda las "personas felices". Usted sabe a las que me refiero; se despiertan cantando y saltando todos los días. *SIEMPRE* son felices y ni siquiera tienen que hacer un esfuerzo para ser así. Lo contemplaba antes. Algunas personas nacen con un temperamento que se les hace fácil a ellas ver el lado positivo de las cosas, pero aún ellas tienen que tomar decisiones acerca de sus pensamientos y actitudes hacia la vida. Cualquier persona, sin importar cuán inclinada naturalmente sea hacia los buenos estados de ánimo, puede tener pensamientos amargados y negativos si no escoge de una manera distinta.

Su mente, boca, sus estados de ánimo y actitudes están todos conectados intricadamente. Primero, usted piensa, y luego sus pensamientos se convierten en las palabras que usted habla, y los dos juntos le afectan a usted emocionalmente y se convierten en estados de ánimo y actitudes. Si de verdad quiere estar de buen humor de manera habitual, puede comenzar con escoger pensar en las cosas que generan buenas emociones en vez de las malas.

Si usted desea una estabilidad emocional mayor y la capacidad de mantener una buena actitud consistente sin importar las circunstancias, entonces fíjela como meta y no se dé por vencido hasta que la alcance. Como dijo C. S. Lewis: Nunca está usted muy viejo para fijar otra meta o tener un sueño nuevo".[1] Mientras camine con Dios, siempre puede comenzar de nuevo. Nunca es demasiado tarde para un comienzo nuevo. ¡Su historia pasada no tiene que ser su destino!

Crea

Tener de manera consistente pensamientos buenos y agradables a Dios, hablando palabras beneficiosas, y disfrutar de la estabilidad en el estado de ánimo y actitud no son cosas fáciles de hacer necesariamente, pero sí es posible. He estado trabajando hacia esta meta personalmente por casi cuarenta años, y aunque no haya llegado a la perfección, he progresado maravillosamente.

Por ejemplo, Dave ya no tiene que contemplar en qué estado de ánimo me encontraré al despertarse él en la mañana. Tengo días exitosos, y también tengo días en los que siento que he fallado miserablemente, pero *creo* que con la ayuda de Dios puedo seguir creyendo. Soy una persona orientada en cuanto a las metas, y el logro, aun en dosis pequeñas, me motivan a seguir hacia adelante. Siempre animo a las personas a ver cuánto han progresado en vez de cuánto les falta por llegar. El diablo quiere que nos enfoquemos en nuestros fracasos, pero Dios quiere que nos enfoquemos en nuestros éxitos.

> *El diablo quiere que nos enfoquemos en nuestros fracasos, pero Dios quiere que nos enfoquemos en nuestros éxitos.*

Un camino comienza con un paso y luego con otro. Sin

importar cuán largo parezca el viaje, si toma suficientes pasos en la dirección correcta, eventualmente llegará al destino deseado. No dude en comenzar sólo porque parece que aún le queda mucho por llegar. Es mejor pasar la vida moviéndose hacia la dirección correcta un paso a la vez que no tener dirección alguna. Sin importar cuáles puedan ser sus problemas, las cosas pueden mejorar con la ayuda de Dios.

Nunca tiene usted que tener miedo de pedirle algo a Dios. ¡Él se deleita cuando le pedimos!

La Palabra de Dios nos dice:

> *Codiciáis, y no tenéis; matáis y ardéis de envidia, y no podéis alcanzar; combatís y lucháis, pero no tenéis lo que deseáis, porque no pedís.*
>
> Santiago 4:2

> *Pedid, y se os dará; buscad, y hallaréis; llamad, y se os abrirá. Porque todo aquel que pide, recibe; y el que busca, halla; y al que llama, se le abrirá.*
>
> Mateo 7:7-8

> *Por tanto, os digo que todo lo que pidiereis orando, creed que lo recibiréis, y os vendrá.*
>
> Marcos 11:24

Las Escrituras son una invitación abierta a experimentar milagros en su vida si tan sólo creyera. Es importante notar que creer viene antes de recibir. Estos versículos nos dan tres pasos para la oración contestada: pedir, creer y recibir. No se nos dice que recibiremos lo que queremos o necesitamos de manera inmediata. La Escritura simplemente dice que lo recibiremos. Lo primero de la oración es pedir; lo segundo, esperar y continuar creyendo; y finalmente, la manifestación del resultado deseado. ¡Los que no pueden pasar por la segunda parte jamás verán el milagro! La única cosa que tenemos que hacer ahí es seguir creyendo que Dios está obrando y que nuestro gran avance puede llegar en cualquier momento.

Creer es un beneficio grande cuando se trata de mantener un buen estado de ánimo y actitud. Cuando usted cree, se aviva la esperanza. Y una de las cosas grandes de la esperanza es que la esperanza trae gozo. El apóstol Pablo lo dice de la siguiente manera en Romanos 5:2:

> *Por quien también tenemos entrada por la fe a esta gracia en la cual estamos firmes, y nos gloriamos en la esperanza de la gloria de Dios.*

¿Habrá alguna área de su vida en la cual usted ha perdido la esperanza de ver cambio? Si es así, entonces ¡que este sea un punto de resurrección! Con la ayuda de Dios, usted puede resucitar su fe y esperanza: usted puede *creer* de nuevo que no hay nada más allá de lo que Dios puede hacer. ¡Todas las cosas son posibles con Dios!

Responsabilícese

Mientras creemos y esperamos para que Dios haga lo que sólo Él puede hacer, es importante que seamos guiados por el Espíritu Santo en hacer cualquier cosa que Dios pueda pedirnos que hagamos.

Somos llamados a ser personas responsables que se deleitan en la obediencia a Dios. Creo que uno de los problemas más grandes que enfrentamos en el mundo hoy es que muchas personas no se responsabilizan por sus vidas. Es fácil pensar que nuestros problemas son la culpa de otro, pero esa manera de pensar nunca resuelve nuestros problemas. He visto personas con esta mentalidad pasiva, incluyendo a mi propia madre y hermano, arruinarse la vida muchas veces.

Por causa de la pasividad al lidiar con mi padre abusivo, todas nuestras vidas fueron afectadas de una manera negativa y devastadora. Mi hermano terminó con muchos problemas emocionales severos que lo acecharon hasta que se suicidó trágicamente. Las cosas pudieron haber sido distintas para mi hermano, pero tristemente rehusó responsabilizarse por sí mismo. Siempre quiso que otro hiciera por él lo que se suponía que hiciera por sí mismo. Tuvo problemas de abuso de drogas y alcohol, y aunque intentamos ayudarlo, hubo algunas decisiones que sólo él podía tomar, y no estuvo dispuesto a tomarlas.

Mi madre se sentía tan culpable y vivía con tantos remordimientos que eventualmente tuvo una crisis nerviosa seguida por un desorden de ansiedad de toda la vida. Estos problemas como resultado de la falta de disposición de confrontar a mi papá y defenderse a sí misma y a sus hijos. Simplemente no cumplió con su responsabilidad, y el resultado final fue renunciar a la vida buena que Dios deseaba que ella tuviera.

Cuando le pregunté a mi mamá por qué permaneció con mi papá, sabiendo lo que me hacía, me dijo: "Yo *pensaba* que no podía mantenernos a todos financieramente, y *pensaba* que no podría enfrentar el escándalo y lo que los demás *pensarían* si supieran la verdad". Su falta de disposición de tomar acción al final le destruyó la vida, y estaba conectado directamente a sus pensamientos.

Conozco los peligros de la pasividad porque he visto lo que le hace a la gente. La pasividad de mi madre y su desobediencia a Dios no sólo le hizo un daño tremendo a la vida de mi hermano y mía, sino también le arruinó la vida a ella. Jesús nos enseña a ser responsables, activos, alertas, energéticos y llenos de entusiasmo. Las personas vagas y apáticas no ganan la carrera ni se llevan el premio en la vida.

Puede que seamos responsables o no por la condición actual de nuestras vidas. Muchas cosas suceden que están fuera de nuestro control y puede que no tengamos la culpa de ellas, pero una cosa sí es cierta: No tenemos que aguantarlas de brazos cruzados. En otras palabras, podemos ir en contra de las cosas que no son apropiadas al rehusarnos a permitir que nos sobrevengan, y tener la actitud de que vamos a vencer todo obstáculo con la ayuda de Dios. Para que suceda eso, no podemos ver a nuestros problemas y pensar: *Esto jamás cambiará,* o *pobre de mí. ¿Por qué me tuvo que suceder esto? Ahora se me arruinó la vida.* Podemos compadecernos de nosotros mismos y dar pretextos, pero mientras lo hagamos, no progresaremos. Quiero asegurarle que usted sí puede escoger en qué ha de pensar. Hará falta entrenar de nuevo la mente y formar hábitos nuevos, pero usted lo puede hacer con la ayuda de Dios. Por favor, no espere más para que otro le mejore la vida. Responsabilícese de mejorarse a sí mismo. Pídale a Dios que le ayude, y luego comience a dejarse guiar por Él. No insinúo que cada cosa que esté mal se puede arreglar de la noche a la mañana. De hecho, buscar remedios rápidos en sí es una decepción. La mayoría de las cosas toman más tiempo de lo que usted pensaba que tomarían, y si no está comprometido todo el camino, no llegará usted a su destino final.

La estabilidad

Una de las cosas que aprecio de mi esposo, Dave, es que es extremadamente estable. Nunca tengo que contemplar qué estado de ánimo tendrá a la hora de levantarse. Esto ha sido muy importante para mí, porque me crié en un hogar que fue todo lo contrario. Los malos humores siempre estuvieron presentes. Siento mucho decir que aprendí y continué el mismo comportamiento que despreciaba. Dave ha compartido que se acuerda haber manejado a casa una noche, y pensado: *¿Quisiera saber en qué estado de ánimo estará Joyce esta noche?* Eso es triste, y más triste aún que nunca lo sabía ni yo misma. Simplemente me dejaba llevar por mis sentimientos, cualesquiera que hayan sido. Si las circunstancias eran placenteras y todo iba como yo quería, mi estado de ánimo era bueno, pero que Dios nos ampare si tal no fuera el caso. Las mujeres controlan a menudo el ambiente emocional del hogar, y yo me encargaba de que la nuestra fuera desagradable. En mi defensa, permítame decir que fui engañada por la falta de conocimiento, y que estoy extremadamente agradecida de Dios por haberme enseñado la verdad que me ha libertado.

Como la mayoría de la gente, no estaba completamente al tanto de lo mala que fue mi actitud, porque la justificaba en mi propia mente al poner excusas. No me daba cuenta cuán negativamente mis malos estados de ánimo estuvieran afectando la gente a mi alrededor que me amaba. Yo sabía que era infeliz, y esa realidad me abrió los ojos para darme cuenta que algo no estaba bien. Al llegar a tal extremo y pedirle a Dios que me mostrara qué estaba mal, Él contestó mi oración. Mientras Dios comenzaba a abrirme los ojos a la verdad, lloré por días mientras me daba cuenta cuán difícil les resultaba a los demás tener una relación conmigo y cuánto de mi vida se desperdiciaba en malos estados de ánimos. A ese punto, aún no estaba al tanto que todos mis estados de ánimo estaban conectados a mis pensamientos, pero por lo menos me enfrentaba a la verdad, y ese es el punto de partida de cada gran avance personal. Si usted no es feliz y le pregunta a Dios por qué, le puedo prometer que Él no le dirá que no es por causa de sus circunstancias. Él le dirá que es su postura mental y emocional hacia las circunstancias, y que usted tiene la oportunidad de responsabilizarse por el cambio de ellas. Él siempre nos ayuda, pero no lo hace todo para nosotros sin una participación de nuestra parte.

Sea transformado

La transformación significa un cambio minucioso, y es justo lo que nos ofrece Jesús mediante su muerte y resurrección. Él nos ofrece una nueva manera de vivir, una llena de cosas buenas en las cuales no nos conformamos al

> *El pensamiento correcto y actitudes correctas son el mapa que nos permite llegar a nuestro destino.*

mundo y sus costumbres superficiales y externas. Una manera de pensar y actitud nuevas siempre le antecederán a esta manera nueva de vivir. El pensamiento correcto y actitudes correctas son el mapa que nos permite llegar a nuestro destino. Romanos 12:2 dice:

> *No os conforméis a este siglo, sino transformaos por medio de la renovación de vuestro entendimiento, para que comprobéis cuál sea la buena voluntad de Dios, agradable y perfecta.*

En esta escritura singular encontramos la contestación a cómo podemos tener una vida agradable que está llena de cosas buenas. Una buena vida no es una que está completamente libre de problemas, sino una de la cual siempre se puede disfrutar porque le creemos a Dios y tenemos pensamientos llenos de esperanza y una buena actitud. Romanos 12:2 es un versículo importante de la Escritura que debemos comprender. La simpleza de su mensaje es que Dios tiene un plan bueno, agradable y perfecto para usted y para mí, y la manera que lo podemos experimentar es aprender a renovar nuestra mente y pensar como Dios piensa. Si quiere tener lo que Dios quiere que usted tenga, aprenda a pensar como Dios piensa.

La mente, la boca, los estados de ánimo, las actitudes y el comportamiento están definitivamente conectados. Preste atención particularmente a los pensamientos que le pasan por la mente, porque energizarán todo lo demás que hace usted. Puede impulsar su día con pensar cosas buenas a propósito como uno de sus primeros actos del día. Pensarlos y hablarlos es la combinación que le recomiendo. Este ejercicio sólo toma unos minutos, pero le será valioso durante todo el día. Puede meditar en y confesar cosas tales como:

Este es el día que ha hecho Dios, y me lo disfrutaré.

Puedo lidiar con cualquier cosa que viene hacia mí hoy por medio de Cristo que me fortalece.

Hoy estoy energético y soy creativo.

Tengo favor con Dios y el hombre dondequiera que vaya.

Todo lo que toque prospera y tiene éxito.

Disfruto de ser una bendición a los demás.

Estoy agradecido de todo lo que Dios ha hecho por mí.

Dios está obrando en mis problemas, y puedo esperar pacientemente porque su tiempo es perfecto.

Una mente y una boca negativas producirán estados de ánimo y actitudes negativos, y, con toda probabilidad, un día miserable. Pero el acercamiento positivo de enfocar su mente en una dirección edificante no puede producir nada menos que un efecto bueno sobre usted y su día completo.

Esto no quiere decir que no tendrá que lidiar con algo desagradable durante el día, y cuando lo haga, puede que tenga que tomar aún más decisiones sobre cómo pensará en aquellas situaciones. Pero la buena noticia es que usted puede escoger cómo pensar, las palabras que quiere hablar y la actitud que tendrá hacia la vida. Su actitud le pertenece y nadie le puede obligar a tener una mala si no la desea. Cualquier persona que tiene una mala actitud se lastima a sí misma más que a nadie, y dificulta cualquier progreso positivo en su vida. ¡Una mala actitud y una buena vida simplemente no se mezclan!

> *Su actitud le pertenece y nadie le puede obligar a tener una mala si no la desea.*

¡Piénselo!

- Su mente, su boca, sus estados de ánimo y sus actitudes están todos conectados intricadamente.
- Sin importar lo que usted experimenta, usted es responsable de su propia vida.
- Una mente transformada conlleva a estados de ánimo, actitudes y comportamientos transformados.

- Tener pensamientos agradables a Dios y confesarlos durante cada mañana es un ejercicio que puede cambiarle el día entero.

CAPÍTULO 3

Cómo pensar cuando
se le dificulta la vida

Propóngase mantenerse feliz, y su gozo y usted formarán un ejército invencible en contra de las dificultades.

Helen Keller

No hay duda alguna que el pensamiento positivo es mucho más fácil cuando la vida no es difícil, pero es contraproducente pensar que es imposible. El gozo en la adversidad es un principio poderoso que nos ayuda a vivir por encima de las nubes. El sol siempre resplandece en algún lugar por encima de las nubes negras de la vida, y si por fe lo podamos ver, no nos derrumbaremos ante los pensamiento de desánimo y la depresión.

En el libro de Robert Schuller *Tough Times Never Last, But Tough People Do* (*Los tiempos fuertes nunca perduran, pero la gente fuerte sí*), nos cuenta la siguiente historia:

Me acuerdo que un invierno mi papá necesitaba leña, y encontró un árbol muerto y lo taló. En la primavera, para su pesar, salieron retoños alrededor del tronco. Él dijo: "Ciertamente pensaba que estaba muerto. Todas las hojas se le habían caído en el invierno. Hacía tanto frío que las ramitas se partían tan ciertamente como si no hubiera vida alguna en ese árbol viejo. Pero ahora me doy cuenta que aún había vida en la raíz principal". Me miró y me dijo: "Bob, que nunca se te olvide esta lección importante. Nunca tales un árbol en el invierno". Nunca tome una decisión negativa en el momento oscuro. Nunca tome sus decisiones más importantes cuando está en su peor estado de ánimo.

Espere. Sea paciente. La tormenta pasará. La primavera vendrá.

Es más difícil pensar y hablar de manera positiva durante los "inviernos" de nuestra vida, pero es de mucha ayuda recordar que la primavera le sigue al invierno. Unos de los refranes favoritos de nuestra familia es: "Esto también pasará". Cantar de los Cantares 2:11-12 nos anima a buscar la primavera en el invierno cuando dice: *"Porque he aquí ha pasado el invierno, se ha mudado, la lluvia se fue; se han mostrado las flores en la tierra, el tiempo de la canción ha venido, y en nuestro país se ha oído la voz de la tórtola".*

El invierno es meramente un tiempo en que las cosas no marchan bien. Tal vez está pasando por una dificultad financiera, problemas relacionales o enfermedad. No es posible vivir la vida y que el invierno no llegue de manera regular, pero sí es posible buscar la primavera en medio de él. Es de mucha ayuda durante los tiempos difíciles recordar que ellos no durarán para siempre.

> *Por la noche durará el lloro, y a la mañana vendrá la alegría.*
>
> Salmo 30:5b

¿Se ha dado cuenta alguna vez que enojarse u oprimirse por causa de los problemas nunca los cambia? A veces no tomamos el tiempo de ver el fruto de nuestras acciones, pero si lo hiciéramos, ciertamente veríamos que la preocupación es inútil.

Podemos aprender a disfrutar del viaje de la vida, aun cuando nos lleva en una dirección que no habíamos planificado.

Una mala actitud es como un neumático vacío. Si no lo cambia, no llegará a ninguna parte. Preocuparse y enojarse es como sentarse en una mecedora todo el día meciéndose. Lo mantiene ocupado y hasta llega a cansarlo, pero no le lleva a ninguna parte. Mary Engelbreit dijo: "Si algo no le gusta, cámbielo. Y si no lo puede cambiar, cambie su manera de pensar acerca de ello".[1] Le sugiero que si las circunstancias no le hacen feliz, por lo menos permita que sus pensamientos lo hagan por usted.

> *Su actitud le pertenece y nadie le puede obligar a tener una mala si no la desea.*

Es muy importante para cada uno de nosotros aprender cómo tener la victoria en medio de nuestros problemas. La Palabra de Dios nos enseña que somos más que vencedores en medio de nuestras pruebas y tribulaciones (Romanos 8:37). Cuando estoy en medio de la dificultad, a menudo voy a Romanos 8:35-39, y me recuerdo a mí misma que no importa cuando difícil sea la vida, Dios me ama. Intento recordármelo en todo tiempo, tal vez parezca una oveja que es llevada al matadero, pero en medio de estas cosas, soy más que vencedora. Para mí, simplemente significa que siempre nos podemos asegurar de una victoria eventual. Podemos pasar por cosas difíciles, pero seguir los principios que Dios nos ha trazado en su Palabra nos sacará adelante seguros cada vez.

Mi mente fue secuestrada

Al escribir los primeros capítulos de este libro, he experimentado un padecimiento físico que me ha incomodado mucho. Es una de esas "enfermedades misteriosas". Usted sabe, las que los médicos no pueden explicar y ningún medicamento parece aliviar. Son las que más detesto, ¿y usted? Comienzo a preguntarme si sólo estoy imaginándome los síntomas, pero el malestar me dice que no lo estoy. Mientras le exhortaba a usted a mantenerse positivo durante la dificultad, pasé por dos días en que sentía que me habían secuestrado la mente. No podía enfocarme casi en nada sino en cómo me sentía, y una incapacidad para enfocarse no es de mucha ayuda al escribir un libro.

¿Qué hice? Tuve que hacer lo que le estoy recomendando a usted. Seguí adelante, esforzándome en Dios para regresar mi mente a lo que sé que es la verdad en mi corazón. La Biblia nos enseña a desechar los pensamientos incorrectos (vea 2 Corintios 10:5), pero hay días que *siento* que he pasado todo el día desechándolos y vuelven a surgir. Experimentará días como estos, y le insto a no darse por vencido en esos días ni creer que nunca podrá pensar correctamente. Créame, usted no es el único que pasa por esos días. Sólo siga diciendo: "Este es un ataque y pasará". Fíjese, la mente es el campo de batalla en que peleamos en contra de las mentiras de Satanás. Cualquiera cosa que él diga es contrario a lo que dice la Palabra de Dios, o hasta puede usar la Escritura fuera de contexto.

Mientras Jesús soportaba la prueba y la tentación en el desierto antes de comenzar su ministerio público, el diablo le dijo: "Si eres Hijo de Dios, échate abajo; porque escrito está: A sus ángeles mandará acerca de ti, y, en sus manos te sostendrán, para que no tropieces con tu pie en piedra" (Mateo 4:6). Satanás cito la Escritura, pero la usó de una manera errónea. Jesús le respondió inmediatamente: "Escrito está también: No tentarás al Señor tu Dios" (Mateo 4:7). Nadie puede ganar la batalla en su mente a menos que conozca la Palabra de Dios. La Palabra de Dios es verdad, y lo podemos creer por encima de cualquier cosa.

Estoy segura que hubiera escuchado y seguido mis pensamientos durante mi lucha de dos días, no hubiera tenido autoridad alguna de escribir un libro acerca de la mente. Sin embargo, sé, por estudiar la Escritura, que Satanás ataca en cualquiera momento que intentamos avanzar o hacer cualquier cosa buena, y entonces debemos pararnos firmes. Cuando lo hacemos, eventualmente se apartará y esperará hasta el momento oportuno (vea Lucas 4:13). El apóstol Pablo lo dice bien cuando dijo: "Porque se me ha abierto puerta grande y eficaz, y muchos son los adversarios" (1 Corintios 16:9). A cualquiera que desea pasar por la vida sin oposición le espera una desilusión enorme.

En realidad la oposición nos es un beneficio, porque nos obliga a escoger o usar la fe y pararnos firmes en Cristo, o darnos por vencido. Cada vez que escogemos correctamente, se le dificulta un poco más al diablo engañarnos la próxima vez. Él nunca dejará de intentarlo, pero vamos a ser cada vez mejores reconociendo sus ataques y resistiéndolos.

Construido para la batalla

Dios nos ha equipado y ungido para realizar cosas difíciles. Él nos permite pasar por la dificultad para poderle dar gloria a Él. Él se da a conocer como fuerte por medio de nosotros. Él le dijo a Pablo que su poder se perfecciona en nuestra debilidad (vea 2 Corintios 12:9). Podemos pensar que no podemos superar la dificultad, pero aquellos pensamientos no son correctos, conforme a la Palabra de Dios. Él nos ha prometido que jamás permitirá que nos sobrevenga lo que no podamos soportar (1 Corintios 10:13).

Durante las dificultades de la vida, uno de los pensamientos que usualmente persisten es *no puedo hacerlo, simplemente es demasiado, es demasiado difícil.* Cuídese de ese tipo de pensamiento y cuando lo reconozca, acuérdese que es una mentira y remplácelo con su propio pensamiento, inspirado por Dios tal como: *Puedo hacer lo que tengo que hacer porque Dios está conmigo. Esta temporada invernal se acabará y la primavera llegará.*

Tal vez tenga usted que verse de una manera nueva. Si se desilusiona o se desanima con facilidad, o si suele darse por vencido fácilmente, dese cuenta que no está solo en las batallas.

De hecho, sus batallas le pertenecen al Señor, y Él peleará por usted mientras confíe en Él. Vea en Cristo, caminando juntamente con Él en su vida en vez de estar débil y solo.

En los primeros años de nuestro matrimonio, me desanimaba con facilidad y cada vez que me volvía así, lo primero que yo hacía era hablar negativamente. "Nunca me funciona nada", "No importa cuánto me esfuerzo parece que no puedo hacer nada bien", o "Nunca tendremos dinero alguno". Mi negatividad le daba duro a Dave, pero él siempre se mantuvo esperanzado y positivo. Durante nuestras dificultades, él se mantenía lleno de paz y feliz, mas yo, al contrario, era totalmente miserable. A veces la vida se le dificulta a uno, pero podemos aprender cómo navegar por aquellos momentos exitosamente sin perder la paz y el gozo. Los pensamientos que permitimos entrar a nuestras mentes, y las actitudes que escogemos tener, determinan si tenemos miseria o gozo. Estoy agradecida que Dios me ha cambiado, y si usted necesita cambiar en esta área, Él puede cambiarle también.

Cómo pensar cuando se muere un sueño

Cuando uno tiene un sueño o una meta para su vida, y finalmente se vuelve obvio que tienen que cambiar de direcciones, esto puede resultar ser deprimente o emocionante. Muchos años atrás, intenté ser la secretaria de mi pastor. Se me dijo que el puesto no era precisamente para mí y me dejaron ir. Decir que eso me dejó devastada es poco, pero si me hubiera quedado en aquel puesto que yo pensaba que quería, no estaría haciendo lo que hago hoy. Cuando las cosas no salen como usted las había planificado, no tiene por qué desanimarse ni deprimirse; sino que puede creer que Dios le tiene algo mejor y sentirse emocionado

> *Cuando las cosas no salen como usted las había planificado puede creer que Dios le tiene algo mejor y sentirse emocionado por ver lo que es.*

por ver lo que es. No se "case" con su propio plan. El corazón del hombre piensa su camino; mas Jehová endereza sus pasos (vea Proverbios 16:9).

> *Muchos pensamientos hay en el corazón del hombre;*
> *mas el consejo de Jehová permanecerá.*
>
> Proverbios 19:21

Antes solía desanimarme cuando mis planes no salían bien o no alcanzaba mis metas, pero finalmente me di cuenta que si verdaderamente quería servir a Dios con mi vida, no debería importar lo que hacía, mientras que fuera la voluntad suya para mí. Tal vez tenemos demasiados planes propios, y son nuestras propias expectativas las que nos desilusionan. Podemos y debemos orar aún: "Hágase tu voluntad, oh Dios, y no la mía".

Una de las maneras que encontramos la perfecta voluntad de Dios para nosotros es darnos cuenta de qué funciona y qué no. Si algo no resulta, no se dé por vencido, perdiendo meses deprimido; simplemente táchelo de su lista de posibilidades y proceda a la próxima. ¡La decisión es suya! Me gusta esta cita de Charles Stanley: "La desilusión es inevitable. Pero para desanimarse hay que tomar una decisión".[2]

A veces veo que encontrar la perfecta voluntad de Dios es como intentar buscar el atuendo nuevo perfecto. Voy de compras y me pruebo muchas prendas. Veo cómo me quedan y cómo se me ven. Veo si son cómodas o no. ¿Están muy apretadas o tal vez muy grandes? No me deprimo porque sé que puede que las primeras no me resulten. Me disfruto el ir de compras, y eventualmente encuentro la prenda perfecta para mí. De igual manera, puede ver sus sueños que tiene para su vida. ¡Siga soñando y teniendo metas hasta que encuentre lo que mejor le queda!

Cómo pensar en la dificultad financiera

Los fondos insuficientes pueden presionar hasta lo mejor de nosotros, pero podemos navegar por la tormenta si pensamos correctamente durante la dificultad. Evite pensar en lo peor e intente pensar en lo mejor.

Si ha perdido su empleo, entonces busque agresivamente otro empleo, esperando siempre que será mejor que el último.

Si necesita dinero, esté dispuesto a trabajar en lo que sea hasta que pueda laborar en lo que realmente desea laborar. Cuando resistimos la vagancia y la apatía, Dios se sube a bordo y hace que cosas maravillosas sucedan. Mi hija me contó recientemente una historia acerca de un hombre que ella y su esposo conocieron cuando comparaban precios para realizar reparaciones menores a su casa. El hombre había perdido su empleo hacía siete años, pero trabajaba en todo, desde recortar grama, limpiar casas, hasta reparaciones menores. Él tiene destrezas de alto nivel en un campo específico, pero como no podía hallar empleo en dicho campo, determinó que trabajaría en lo que fuera y estaría agradecido de las oportunidades que recibía. Mi hija se asombraba al ver la buena actitud que él y su esposa tenían. Al final se sintieron guiados por Dios a bendecir la pareja financieramente de una manera sustancial, pero estoy seguro que si hubiera estado amargado y quejándose eso no hubiera sucedido.

Quisiera saber cuántas bendiciones y provisiones hemos pasado por alto en la vida tan sólo por tener la actitud incorrecta. ¿Cuán a menudo está Dios esperando meramente para ver cómo respondemos a la dificultad antes de que se mueva para ayudarnos?

Sé cuán aterrador puede resultar cuando el mes dura más que el dinero, porque Dave y yo lo llegamos a experimentar varias veces en nuestras vidas, pero puedo decir con toda honestidad que Dios siempre nos proveyó. Hubo veces que tuvimos que hacer cosas que no queríamos. Una vez nos mudamos a un apartamento más pequeño y más económico. En otra ocasión, rompimos nuestras tarjetas de crédito y vivimos con muy poco por más de un año para poderlas pagar por completo. Creo que Dios es fiel siempre, pero Él vela por nuestra fidelidad en ser buenos mayordomos de lo que tenemos.

Piense en maneras de ahorrar en cuanto a los gastos en vez de pensar en todo lo que no tiene. Piense en todas las posibilidades que tiene frente a usted en vez de lo que quedó atrás. Piense en manera en las que puede bendecir a otro, porque lo que usted hace por los demás vuelve a usted multiplicado muchas veces más (Lucas 6:38). En vez de vivir en miedo debido a la economía, viva por fe en Dios y siéntase seguro de que Él es capaz de ayudarle.

Cómo pensar cuando una relación es difícil

Todos nos topamos con aquellos momentos donde no estamos seguros de poder continuar con una relación por causa de las dificultades que experimentamos a la hora de llevarnos bien. Pero le recomiendo evitar pensar: *Me doy por vencido con esta persona; nunca cambiará.* La mentira de "nunca" que Satanás nos ofrece frecuentemente es justamente eso: ¡una mentira!

Como todas las cosas son posibles con Dios (Mateo 19:26) no hay nadie que no pueda cambiar. Claro, las personas tienen que estar abiertas al cambio para que Dios pueda obrar en sus vidas, pero si no lo están, aun podemos creerle a Dios que las guiará para que estén abiertas y dispuestas.

Esto no quiere decir que somos llamados por Dios a mantenernos en relaciones amorosas abusivas o dolorosas, pero como Dios nunca se da por vencido con nosotros no debemos darnos por vencido con los demás.

> *Como Dios nunca se da por vencido con nosotros no debemos darnos por vencido con los demás.*

Nunca abandoné la esperanza de que mi papá pudiera ser salvo, y cuando tenía como unos ochenta años, se arrepintió de todos sus pecados y recibió a Cristo como su salvador. Vi un cambio genuino en Él. Durante los muchos años que oré por mi padre, no lo veía a menudo, pero la distancia no estorba la oración.

Es fácil pensar en todas las maneras que creemos que alguien debe cambiar y lo que deberían hacer para mejorar la relación, pero quizás deberíamos pensar en lo que podemos hacer *nosotros* para mejorarla. Siempre queremos que el otro cambie, pero también deberíamos abrirnos a permitir que Dios nos muestre las maneras en que podemos cambiar. Pablo les escribió a los creyentes en Roma, instruyéndoles a ser adaptables si querían vivir en unidad (vea Romanos 12:16). Es bueno querer la paz, pero vaya más allá y sea usted el pacificador. No piense en todo lo que está mal en la persona con quien está experimentando una lucha, pero también piense en sus puntos buenos. Cómo pensamos en las relaciones es muy importante, y pensar correctamente puede ayudar a mejorar cualquier relación.

Cómo pensar acerca de sí mismo

Dios tiene pensamientos buenos hacia usted y es importante que aprenda a pensar en usted mismo de la misma manera que piensa Él. La Palabra de Dios declara que dos no pueden andar juntos a menos que estén de acuerdo (vea Amós 3:3), y no podemos andar con Dios a menos que aprendamos a estar de acuerdo con Él.

La gente en general suele pensar en sus fallas más que en sus fortalezas, pero es mucho mejor considerar ambas cosas. No queremos ignorar nuestras debilidades y fingir que no existen, pero podemos desanimarnos fácilmente, y quizás hasta deprimirnos, si no tomamos en cuenta también las cosas buenas acerca de nosotros.

El apóstol Pablo nos advirtió a no pensar más de nosotros de lo que debemos (vea Romanos 12:3), pero no dijo que debemos pensar menos de nosotros. Piense de esta manera: *Tengo talentos, dones y habilidades que Dios me ha dado, y estoy agradecido por ellos. Mi intención es usarlos para su gloria. También tengo debilidades, pero le creo a Dios para mostrarme su fortaleza en medio de ellas. Jesús vino por los débiles, por los que lo necesitan, y definitivamente lo necesito. Soy nada sin Cristo, y no puedo hacer nada sin Él, pero también puedo hacerlo todo por medio de Él.*

La vida se nos puede dificultar cuando vemos todo lo que está mal en nosotros y todas las cosas que aparentemente no podemos hacer bien. El diablo nos recordará de ellas frecuentemente, y por esa razón debemos educarnos bien en cuanto a los pensamientos que Dios tiene hacia nosotros y meditar en ellos a menudo.

Sí, a veces la vida es muy difícil, pero no demasiada difícil para el hombre o la mujer de Dios. Somos equipados a soportar, estar firmes, pacientes, misericordiosos y gozosos en esos momentos. Aunque la vida sea difícil, no pensemos sólo en esos momentos. La vida es también maravillosa, asombrosa y un viaje emocionante, así que pensemos en los momentos buenos más que en los malos, porque siempre vencemos al mal con el bien (vea Romanos 12:21).

¡Piénselo!

- A veces la vida se nos dificulta, pero podemos aprender a manejar aquellos momentos sin perder la paz y el gozo.
- En realidad la oposición nos es un beneficio, porque nos obliga a escoger o usar la fe y pararnos firmes en Cristo, o darnos por vencido.
- Cuando se enfrente a la dificultad, escoja pensar: *Puedo hacer lo que tengo que hacer porque Dios está conmigo. Esta temporada invernal se acabará y la primavera llegará.*

- Si algo no resulta, no se dé por vencido, perdiendo meses deprimido; simplemente táchelo de su lista de posibilidades y proceda a lo próximo.
- Durante los momentos difíciles, evite pensar en lo peor y comience a pensar en lo mejor.

CAPÍTULO 4

Escoja su actitud

En cada cosa que usted haga, está escogiendo una dirección. Su vida es un producto de sus decisiones.

Dr. Kathleen Hall

Me topé con una historia de una decisión increíble que la comunidad de Newtown, Connecticut, tomó luego del trágico tiroteo en la escuela elemental Sandy Hook sacudiera su comunidad en diciembre de 2012. Todo comenzó con una familia que tomó una decisión importante.

Cuando Tim y Julie escucharon por primera vez que hubo un tiroteo en la elemental, hubo una preocupación natural. Aunque sus dos hijos estaban seguros en otras escuelas, tenían amigos cuyos hijos estaban en Sandy Hook.

Tan pronto salió la noticia y la gravedad de la situación comenzó a esparcirse, Tim se acordó de las palabras de Dr. Martin Luther King Jr.: "El odio no puede echar fuera al odio; sólo lo puede hacer el amor...he decidido aferrarme al amor. El odio es una carga demasiada grande de llevar"

Con aquellas palabras frescas en su mente, Tim encendió su computadora y diseñó volantes con estas palabras: SOMOS SANDY HOOK, ESCOGEMOS EL AMOR.

El mensaje de este volante sencillo se esparció entre toda la comunidad. Hasta hubo carteleras con aquellas palabras impresas en ellas. La gente de Newton decidió abrazar el mensaje. En vez de la amargura o el enojo, ellos escogieron abrazar al amor y el perdón al verse cara a cara con una tragedia incalificable.[1]

Por causa de esta decisión de amar, a la mayoría de la gente se le hizo más fácil lidiar con esta tragedia terrible en la elemental Sandy Hook. Ellos escogieron una actitud de amor en vez de una de odio. Me encanta la declaración de Dr. King: "El odio es una carga demasiada grande de llevar". Cuán mejor estaría el mundo si más personas adoptaran una actitud de amor. Tenemos regularmente oportunidades para odiar, pero también podemos escoger amar. Esta capacidad de escoger es lo que nos hace libres. Una decisión correcta puede traer una multitud de bendiciones y gozo a un sinnúmero de personas, al igual que, una decisión incorrecta puede traer dolor, tragedia y miseria sin igual.

Las personas cuyos hijos asistían a Sandy Hook escogieron el amor y la restauración, pero otras tantas escogieron el odio, la destrucción y la temeridad:

- Hitler escogió su destino, asesinando a millones y, finalmente, a sí mismo. Lee Harvey Oswald escogió matar a un presidente y herir a una nación. Los terroristas del 11 de septiembre escogieron un sendero que cambió al mundo. Un asaltabancos escoge la fecha, el lugar y la hora, y se roba a sí mismo de su integridad y a su familia, y finalmente paga el precio en tiempo tras las rejas.

Pero aun en medio de gran sufrimiento, las buenas decisiones se pueden tomar. Considere esto:

- En la Segunda Guerra Mundial, Oskar Schindler salvó a 1200 judíos al ponerlos a trabajar en su fábrica, gastando su fortuna completa en sobornos y compras en el mercado negro de provisiones para sus trabajadores, con tal de mantenerlos vivos hasta el final de la guerra.[2]

- Abraham Lincoln escogió el sendero difícil de liberar a un pueblo en esclavitud.

- Madre Teresa lo abandonó todo por ayudar a los pobres y se convirtió en una figura mundial.

El poder de escoger es bastante asombroso y tiene efectos de largo alcance. Debemos todos pensar más en serio sobre las decisiones que tomamos y el impacto que causan.

Mantener una buena actitud

Escoger vivir con una actitud buena, agradable a Dios, positiva y de amor es algo que ojalá cada uno de nosotros haremos. No debemos estar brincando entre lo bueno y lo malo, lo agradable a Dios y lo desagradable a Él, lo positivo y lo negativo, y el amor y el odio. Como lo dice la Palabra de Dios: "Escoge la vida" (vea Deuteronomio 30:19). Escoja lo que producirá la vida para usted y para todos cuyas vidas influenciará en su vida.

El afamado tenor Luciano Pavarotti recordó que su papá le dio un consejo bastante sabio acerca del poder de escoger. Cuando Pavarotti era joven, trabajaba diligentemente bajo la tutela de Arrigo Pola para desarrollar su voz. Sin embargo, también se matriculó en la universidad, en la escuela de pedagogía, sin saber si la música le funcionaría como carrera. Al graduarse, Pavarotti estaba inseguro en cuanto a qué carrera ejercer: la música o la pedagogía.

Le preguntaba a su padre: "¿Qué debo hacer? ¿Debo cantar o enseñar?". Su papá le contestó con estas palabras: "Si tratas de sentarte en dos sillas, te caerás entre ellas. Para la vida, debes escoger una sola silla".

Aunque le tomó muchos años más de ensayos continuos y trabajo arduo antes de que hiciera su primera aparición profesional, Luciano Pavarotti nunca se arrepintió de la decisión de ejercer la música de todo corazón. Más adelante en la vida diría: "El compromiso, esa es la clave. Escoja una silla".[3]

Luciano escogió una carrera y nosotros escogemos una actitud con la cual vivir, pero el principio es el mismo. No es sabio contentarse con tener una buena actitud sólo cuando las cosas están como nos gustan, y luego hacer la transición a una mala actitud cuando no lo están. No hace falta valor ni fuerza real para tener una buena actitud cuando todo marcha bien, pero mantenerla durante toda la vida sin importar las circunstancias, requiere un compromiso fuerte.

Me resulta emocionante saber que puedo escoger mi actitud. Mi género fue escogido; no tengo opción en cuando al color de mis ojos, a mi estatura, y a muchas cosas más; pero mi actitud es algo que sí puedo escoger. Los pensamientos buenos siempre le preceden a una buena actitud, y no podemos tener el uno sin el otro. Una buena actitud hace que la vida parezca buena aun si es difícil. Puede que la gente piense cómo sería posible ser feliz con los problemas que usted tiene, pero su secreto es simplemente mantener una buena actitud. Una actitud que dice que las cosas estarán bien al final. Una actitud que guarda esperanza mientras que los demás se rinden.

Puede que piense: *Bueno eso suena bonito, pero en realidad hacerlo es muy difícil.* En realidad, nos es más difícil tener una mala actitud que tener una buena. Vi a mi padre tener una mala actitud por toda su vida, y fue uno de los seres humanos más infelices y miserables que jamás llegué a conocer. Su vida interior o pensamientos y la actitud que producía lo dejó con un ceño continuo. Aun cuando contestaba el teléfono con "hola", sonaba como si le hubiera irritado contestar. No todos los que tienen una actitud agria son tan negativos como lo era él, pero tener una en sí nunca será productivo.

Nuestra actitud afecta nuestra postura y expresiones faciales. Digamos que alguien que llamaremos Rut tiene que limpiar su casa el lunes, pero no lo quiere hacer. En realidad, es tonto tener una mala actitud acerca de algo que de todas maneras tenemos que hacer. Como ya lo tenemos que hacer, ¿por qué no hacerlo con una buena actitud para que hallemos algún gozo en hacerlo? Pero Rut no había llegado a entenderlo aun. Ella tenía la costumbre de permitir que sus pensamientos y emociones corrieran rampantes y controlaran su actitud.

Rut limpia, pero lo hace con una mirada de asco en el rostro y con los hombros caídos, expresando claramente su disgusto por la tarea que está haciendo. Todo el día piensa en lo duro que está trabajando y cómo desearía estar por ahí con los amigos, pasándola bien, o acostada en el sofá viendo televisión.

Rut tenía un hogar espacioso y hermoso por el cual podía haber estado expresándole gratitud a Dios mientras limpiaba. Ella podía haber estado disfrutando de todas las cosas buenas que Dios le había provisto, pero su mala actitud y autoconmiseración la habían cegado. Su estado de ánimo se empeoraba cada día más. Para cuando su familia llegaba a su hogar, estaba tan enojada que comenzaba a encontrar algún tipo de falta en cada integrante de la familia. Ella le decía a su esposo que él no la ayudaba lo suficiente, aunque él tenía un trabajo que le requería mucho físicamente. Le decía a su hijo que siempre era un desordenado y sólo le dificultaba el trabajo a ella. Su hija estaba castigada por no esforzarse más en la escuela. ¡Hasta el perro se metió en problemas por salpicar el agua en el piso mientras bebía!

Me acuerdo de aquellos días en que yo permitía que una actitud egocentrista y de autoconmiseración me arruinara el día y causara estar irritable con mi familia. Le puedo asegurar que cualquier cosa que tenga que hacer para mantener una buena actitud ahora vale la pena. Es más beneficioso para mi salud y para todos los que están alrededor de mí, al igual que hace la vida más disfrutable.

Actitudes a evitar

Por causa de las muchas experiencias que tuve con la autoconmiseración, es una de las actitudes que evito definitiva-

> *La autoconmiseración es verdaderamente una miseria.*

mente, y les animo a otros a hacer lo mismo. La autoconmiseración es verdaderamente una miseria; en realidad es idolatría, porque torna nuestra mirada hacia nuestro interior y nos idolatramos. Pensamos en nosotros mismos sin cesar y en todas las maneras que somos maltratados o desventajados. Si verdaderamente vemos lo que tienen los demás, hay muchos otros que seguramente tienen mucho menos que nosotros. Cuando le permitimos a nuestra mente dar vueltas y vueltas acerca de todo lo que no nos gusta de nuestras vidas, no tenemos paz interior.

Leí sobre un estudio que realizaron en la universidad de Duke acerca del tema de la paz mental. Hubo varios factores en la lista que contribuyeron a la estabilidad mental y emocional, pero hubo dos que realmente me llamaron la atención: decidir no gastar energía peleando contra las cosas que no puede cambiar, y negarse a vivir en la autoconmiseración. Ambas decisiones ayudaron a preservar la paz mental y contribuyeron a una vida más feliz.[4]

Puede que su vida no sea perfecta, y tal vez no se le aprecia tanto como debiera, pero tener pena de sí mismo nunca lo logrará. Use su energía en algo útil en vez de algo inútil. La autoconmiseración es una trampa. Es como estar en la cárcel en aislamiento. Lo único que pensamos es en lo malo que somos. Vivimos en la oscuridad del egoísmo y no vemos cuán verdaderamente bendecidos somos en muchas maneras.

Una actitud de impaciencia es otra actitud a evitar. Trae mucho estrés a nuestras vidas, porque la verdad simplemente es que tenemos que esperar por todas las cosas que queremos y deseamos, así que lo mejor sería esperar pacientemente.

He aquí una historia corta que nos puede dar un consejo de cómo hacerlo.

Un hombre observaba a una mujer en el supermercado con una niña de tres años en el carro de compras.

Mientras pasaban por el área de las galletas dulces, la niñita le pidió a su mamá por las galletas dulces, y su mamá le dijo que no. La niñita comenzó inmediatamente a lloriquear y quejarse. La mamá le dijo en voz baja: "Mira, Mónica, sólo nos faltan la mitad de los pasillos; no te desesperes. No falta tanto".

Pronto llegaron al pasillo de los dulces, y la niñita comenzó a gritar por los dulces. Y cuando se le dijo que no podía tener alguno, comenzó a llorar. La madre dijo: "Ya, ya, Mónica, sólo nos faltan dos pasillos más, y luego pagaremos en la caja".

Cuando llegaron al estante justo antes de la registradora, la niñita comenzó a pedir una goma de mascar, y seguido hizo un berrinche terrible al descubrir que no se le compró la goma de mascar. La mamá dijo pacientemente: "Mónica, pasaremos por la caja en cinco minutos y luego puedes ir a casa y tomarte una buena siesta".

El hombre las siguió al estacionamiento y detuvo a la mujer para felicitarla. "No pude evitar darme cuenta cuán paciente es usted con su pequeña Mónica", dijo él. A lo que la madre respondió:

"Yo soy Mónica... mi hijita se llama Tatiana".

(autor desconocido)

A veces nos tenemos que hablar a nosotros mismos durante la dificultad para así poder convencernos continuamente que sí podemos ser pacientes y superar la dificultad. El fruto de la paciencia está en nosotros como hijos de Dios, pero tenemos que usar el dominio propio para que pueda manifestarse. Si decimos lo primero que nos llega a la mente (lo cual nunca es una buena idea), probablemente no nos dará gusto esperar. La carne es simplemente impaciente, pero gracias a Dios que se puede controlar y hasta retener.

Algunas personas piensan un paso más allá de donde realmente se encuentran. Lo cual puede causar frustración. Una de las mejores maneras de ser paciente es mantener su mente enfocada en lo que está usted haciendo actualmente. No esté tan enfocado en su destino que no logre disfrutar el viaje. Vivimos en una sociedad tan acelerada donde todo se nueve tan rápidamente, y es fácil envolverse en el ciclo del "apuro". Sin embargo, no es bueno para nosotros, y usualmente causa que perdamos los estribos cuando las cosas no salen como quisiéramos. ¡No hace falta mucha imposición ni inconveniencia para que estallemos!

Dicen que la práctica hace el maestro, así que vamos a practicar teniendo una actitud paciente con las situaciones, las personas y nosotros mismos. Sobre todo, seamos pacientes con Dios cuando esperamos en Él para hacer algo que le hemos pedido

> *Dios tiene un tiempo perfecto para todo, y Él no se apresurará, así que cálmese y disfrute de la espera.*

que haga. Dios tiene un tiempo perfecto para todo, y Él no se apresurará, así que cálmese y disfrute de la espera.

No caiga en una actitud de "esto es demasiado difícil; no lo puedo hacer". Sólo una persona débil decide que algo está demasiado difícil antes de tan siquiera intentarlo. O tal vez lo intentan unas cuantas veces y luego se rinden. Aun eso es menos que lo mejor de Dios, porque su Palabra nos dice que no nos cansemos, pues, de hacer el bien; porque a su tiempo segaremos, si no desmayamos (vea Gálatas 6:9). El desmayarse en realidad toma lugar en nuestras mentes, y luego nuestra voluntad de salir adelante se desvanece.

Nadie puede tener éxito si no piensa que puede tenerlo. Mantener una actitud de "yo puedo" es el precursor de la terminación de cualquier proyecto. Sería asombroso si pudiéramos contar todas las oportunidades que ha pasado por alto tanta gente en una vida simplemente porque piensan que el trabajo o sacrificio involucrados en hacer algo sería "demasiado difícil".

La lista de actitudes que debemos evitar puede seguir y seguir. Otras que podemos considerar son las actitudes de la queja, del egoísmo, la envidia, la terquedad, o la vagancia. Resumiendo, debemos trabajar juntamente con Dios, manteniendo una actitud agradable y positiva en todo tiempo. Las cosas positivas le suman a nuestras vidas, y las negativas le restan, así que seamos lo suficientemente sabios para tomar la mejor decisión. Escoja su actitud sabiamente, porque, como se ha dicho, eso determina su felicidad. Nadie con una actitud mala llegará lejos en la vida, ni tampoco será feliz.

Oí una historia de una mujer de noventa y dos años, quien fue internada en un hogar de ancianos luego de que su esposo por setenta años falleciera. Ella esperó muchas horas en el vestíbulo mientras el personal hacía todos los arreglos y preparaba su habitación.

Como esta anciana era legalmente ciega, un empleado amable le describió la habitación con lujo de detalle mientras se hacían los preparativos finales. "¡Ya me encanta!", exclamó la paciente nueva.

"¿Cómo le puede encantar? Todavía no ha visto tan siquiera su habitación", dijo el empleado.

Y entonces fue que la mujer dijo algo verdaderamente extraordinario: "Eso no tiene nada que ver. La felicidad es algo que usted decide de antemano".[5] Me encanta esa actitud, ¿cierto? No importó cómo estuvieran puestos los muebles ni dónde estuviera localizada la habitación; ella tomó una decisión: la misma decisión que usted y yo podemos tomar hoy. ¡Escojamos ser felices!

¡Piénselo!

- La actitud que usted escoge va a determinar la vida que usted tendrá.
- En realidad es más difícil tener una mala actitud que tener una buena.
- No esté tan enfocado en su destino que no logre disfrutar el viaje.
- Usted puede practicar tener una actitud paciente y unos pensamientos que honren a Dios.
- Una actitud de "yo puedo" es clave para la terminación exitosa de cualquier proyecto.

CAPÍTULO 5

Cualquiera puede ser feliz

No se entregue a la desesperación. Somos la gente de la resurrección y "aleluya" es nuestra canción.

Papa Juan Pablo II

Hay una gran cantidad de tristeza en este mundo que podría evitarse si la gente aprendiera a pensar en la manera que Dios nos instruye a pensar. En realidad, podemos hacernos felices a nosotros mismos si sabemos cómo hacerlo y estamos dispuestos. Muchos de nosotros hemos pensado de nosotros mismos que no somos felices un sinnúmero de veces, así que ¿por qué no comenzar a pensar de nosotros mismos que sí lo somos? Henri Nouwen dijo: "El gozo no nos sucede así porque sí. Tenemos que escoger el gozo y seguir escogiéndolo cada día".[1] Si escogemos preocuparnos e imaginarnos lo peor que pueda suceder, entonces perdemos la oportunidad de la felicidad. He oído decir que los niños son felices porque no tienen un archivo en la mente llamado "Todas las cosas que pudieran salir mal".

Estoy segura que usted ha oído la declaración "la percepción lo es todo", y hasta cierto punto realmente es cierto. Cómo vemos las cosas afecta nuestros estados de ánimo y determina si nos sentiremos tristes o alegres, no como somos en realidad. Si no le caigo bien a alguien, pero yo lo creo, entonces soy afectada por lo que creo, no por su opinión de mí.

No estoy sugiriendo que nunca nos enfrentaremos a la

realidad. Los hechos son los hechos, pero la verdad, la cual Dios nos revela mediante el estudio de su Palabra, puede cambiar los hechos. Podemos escoger seguir el consejo de Dios y creer lo mejor acerca de nuestra realidad actual, y al hacerlo permaneceremos felices mientras Dios obra todo para nuestro bien (vea Romanos 8:28). Dale Carnegie dijo: "No es lo que usted tiene, o quién es, o dónde está, o qué está haciendo que le hace feliz o infeliz. Se trata de lo que usted piensa".[2]

> La gente usualmente es tan feliz como lo son en sus mentes.
>
> Abraham Lincoln[3]

> Ha sido mi experiencia que casi siempre puede usted disfrutar de las cosas si se propone firmemente que lo hará.
>
> L. M. Montgomery, *Ana, la de Tejas Verdes*[4]

Podemos ver por estas citas y otras semejantes a ellas que la gente a través de la historia ha descubierto el impacto que tienen los pensamientos sobre la felicidad.

El valor del gozo

El gozo es extremadamente valioso. ¡La Biblia declara que el gozo del Señor es nuestra fortaleza (vea Nehemías 8:10)! No entregue el suyo tan fácilmente.

¿A qué precio está dispuesto a vender su gozo? En su libro *I Once Was Blind But Now I Squint* (Antes yo era ciego, pero ahora soy bizco), Kent Crockett cuenta la historia de cómo su esposa accidentalmente entró a la bomba de servicio completo en vez de la de autoservicio en un puesto de gasolina. No se dio cuenta que estaba pagando unos cincuenta centavos más por galón por el servicio adicional.

Cuando llegó a la casa y le dijo a su esposo que había pagado siete dólares más de lo que esperaba, él se molestó por el alto costo. Sacó los cálculos en su mente y dedujo que pudieron haber llevado su carro por ciento veintiocho millas más si tan sólo hubieran pagado por el autoservicio. Estaba molesto porque el puesto de gasolina había cobrado tanto más por el servicio completo.

Pero luego se dio cuenta de algo. Dijo que Dios le mostró que había vendido su gozo ¡por siete dólares! Seguramente su gozo valía más que eso.[5]

Esta es una historia muy impactante que me deja asombrada de cuán a menudo he vendido mi gozo hasta por menos. Jesús dijo que Él nos dejó su gozo.

> *Pero ahora voy a ti; y hablo esto en el mundo, para que tengan mi gozo cumplido en sí mismos.*
>
> Juan 17:13

Tenemos gozo en nosotros como un regalo de Jesús, pero no siempre nos apropiamos de lo que tenemos y usamos todo lo que tenemos. ¿Puede el gozo ser obstruido y obstaculizado por las dificultades de la vida? La respuesta es sí, puede ser, pero no siempre tiene que ser así. Todo depende en qué escogemos enfocarnos.

> *Estas cosas os he hablado para que en mí tengáis paz. En el mundo tendréis aflicción; pero confiad, yo he vencido al mundo.*
>
> Juan 16:33

La dificultad nunca es agradable, pero pensar correctamente en medio de ella nos animará. Aunque tengamos pruebas, podemos enfrentarlas con coraje, confiados en el amor de Dios y su promesa de ayudarnos. Me parece que el gozo y la felicidad (la cual es parte del gozo) provienen más de lo que creemos que de lo que nos sucede.

¿Estaría dispuesto a hacer algunos cambios en su enfoque a la vida y hasta desarrollar algunos hábitos nuevos si le permitiera tener más gozo y disfrute?

Tal vez si estudiáramos los hábitos y actitudes de personas felices podríamos ver algunas cosas que tal vez tengamos que cambiar si verdaderamente queremos ser felices. Si valorizamos el gozo, entonces no podemos sentarnos pasivamente y desear ser felices; podemos perseguirlo agresivamente y estar dispuestos a hacer los ajustes que hagan falta.

Una de las cosas que aprendí en mi búsqueda de la felicidad fue que no podía responsabilizar a otro por mi gozo. Primero, no es justo para ellos y, segundo, ellos no tienen la capacidad de hacerlo todo el tiempo. Dios quiere que nosotros, primeramente y más importante, encontremos nuestro gozo en Él, y no nos permitirá conseguirlo constantemente de otra fuente. Si pudiéramos hacerlo, dependeríamos de esas personas de una manera que sólo le pertenece a Dios. Ciertamente, las personas pueden hacer cosas que nos hacen felices, pero nuestra experiencia también prueba que ellas también pueden desilusionarnos. La próxima vez que usted se enoje con alguien porque no le hace feliz, tal vez querrá ajustar su actitud y tomar responsabilidad por su propio gozo.

Otra cosa que aprendí fue que la complicación y el estrés eran devastadores para mi gozo, y la única manera de aminorarlos era trabajar para simplificarme la vida. Usted puede que piense que esto le es imposible, pero en realidad no lo es. Si hacemos las cosas que Dios realmente nos ha asignado hacer, Él siempre nos dará la gracia de hacerlas llenos de paz y de gozo. Sin embargo, si nos complicamos la vida al sumarle todas las cosas que la gente pretende que hagamos, la historia cambia. Nuestro enfoque hacia la vida es muy importante. ¡Pruebe el enfoque sencillo!

1. Si alguien le hiere los sentimientos o lo decepciona, escoja perdonarlo en vez de enojarse.

2. Si las cosas no salen como usted quiere, confíe que Dios está en control y que lo que Él hace será mejor de lo que usted había planificado.
3. Cuando surge un problema, crea lo mejor en vez de lo peor.
4. No desperdicie su energía preocupándose, porque no le hace bien alguno.
5. No compre más de lo que usted pueda pagar cómodamente.
6. Sea el ser único que usted es y nunca se compare con nadie más.
7. Cuando peca contra Dios, arrepiéntase, reciba su perdón, y no desperdicie su tiempo en sentirse culpable.
8. Cuando usted no le cae bien a algunos, ore por ellos. Puede ser que el verdadero problema sea que no se gustan a sí mismos.
9. Si su agenda está sobrecargada, ¡entonces cámbiela!
10. Si está cansado siempre, entonces descanse más.

El enfoque sencillo a los problemas apremiantes deja espacio para el gozo en medio de ellos, y se resuelven más rápidamente.

Tome un tiempo para orar y pedirle a Dios que comience a mostrarle las cosas que usted podría cambiar para aumentar su gozo. Se ha dicho que sólo un tonto espera seguir haciendo lo mismo vez tras vez y obtener un resultado distinto.

"Si" y "cuando"

En su artículo del blog "The Psychology of Happiness" [La felicidad de la psicología], Kim Gaines Eckert, una consejera cristiana, habla de cómo la gente piensa que sería feliz "si":

> *Si* tan sólo pudiera encontrar la persona correcta y casarme, entonces seré feliz... *si* pudiera tener aquella casa nueva o carro nuevo o bote nuevo o

trabajo nuevo…*si* tan sólo pudiera embarazarme y tener un hijo…*si* pudiera tener otro bebé…*si* pudiera renunciar al trabajo y quedarme en casa con mis hijos…*si* pudiéramos mudarnos más cerca de la familia y tener ayuda…*si* pudiera rebajar quince libras…*si* pudiera viajar más…*si* tuviéramos lo suficiente para retirarnos.

Mencioné unos momentos atrás que Satanás ofrece las "mentiras del si" a nuestras mentes, esperando que siempre podremos esperar a ser felices en algún otro momento. Él conoce el valor del gozo verdadero, y es peligroso para él.

Eckert también dijo que cuando obtenemos aquellas cosas que pensamos que nos hubieran hecho feliz, somos felices hasta que no lo somos. Me encanta esa declaración. Ella comparte que los psicólogos le llaman "la trotadora hedónica", en la cual la eficacia de un placer nuevo se desgasta al pasar el tiempo. Mientras más tenemos o hacemos aquellas cosas que nos hacen sentirnos bien, más necesitamos para poder lograr el mismo nivel de felicidad.[6] Es como la tolerancia que se desarrolla con el tiempo en las adicciones, que necesitamos tres de algo ahora en vez de los dos que una vez nos satisfacían.

Desintoxique su cerebro

Si usted tiene un hábito de toda la vida de pensar cosas que envenenan o matan su gozo, entonces puede que necesite una desintoxicación del cerebro. Desintoxicarse es bastante común hoy día. Los doctores y nutricionistas han descubierto que muchas de las enfermedades son causadas por las toxinas que están albergadas en nuestros cuerpos y tienen que salir. Esto se logra de varias formas, pero al fin y al cabo, los resultados para mucha gente son asombrosos. Desintoxicar el cerebro al reemplazar los pensamientos tóxicos por unos saludables también tiene un increíblemente buen efecto en cada área de nuestras vidas. La Dra. Caroline Leaf lo comparte de la siguiente manera:

> La investigación médica apunta cada vez más al hecho de que el pensamiento y controlar conscientemente su vida de pensamientos es una de las mejores maneras, sino la mejor manera, de desintoxicar su cerebro. También le permite despojarse de aquellos pensamientos y emociones tóxicos que pueden consumir y controlar su mente.

Se me hace interesante que la investigación médica y científica ha tomado siglos para descubrir lo que Dios le dio a las personas desde el principio de los tiempos. Se nos ha dado la mente de Cristo y eso quiere decir que con su ayuda podemos pensar como Él pensaría (1 Corintios 2:16). La Dra. Leaf continúa al decir:

> Cambiar su manera de pensar es esencial para desintoxicar el cerebro. Controlar conscientemente su vida de pensamientos significa no permitir que sus pensamientos hagan un alboroto en su mente. Quiere decir aprender a participar de manera interactiva con cada pensamiento que usted tiene, y analizarlo antes de decidir si lo acepta o lo rechaza.
>
> ¿Y cómo lo hace? Al "observar" sus procesos mentales. Puede que suene como algo extraño y hasta imposible de lograr. Después de todo, no es como si usted pudiera abrirse el cráneo como si se tratara de un huevo y observar lo que está sucediendo dentro de su cerebro.
>
> Sin embargo, es posible observar sus procesos mentales. De hecho, no es tan sólo posible, es esencial.
>
> Por ejemplo, considere lo siguiente:

¿Cuántas declaraciones de "podría haber", "pudiera haber", "debía haber" ha hecho hoy?

¿Cuántas "si sólo" fueron parte de su vocabulario interno hoy?

¿Cuántas veces ha repetido en su cabeza una conversación o situación que le dolió, o hasta una que ni siquiera ha acontecido?

¿Cuántos argumentos ha creado del futuro impredecible?

¿Cuánto la especulación le ha consumido a su día?

¿Cuán pasiva es su mente?

¿Cuán honesto es usted consigo mismo?

¿Cuán distorsionada es su manera de pensar? ¿Está usted formando una identidad personal alrededor de, por ejemplo, una enfermedad? ¿Habla sobre "mi artritis", "mi esclerosis múltiple", "mi problema cardíaco"?

¿Hace usted comentarios tales como "nada me sale bien nunca"; "todo lo que toco se daña"; "siempre la riego"?

Si usted contestó que sí aunque sea a una sola de éstas, su cerebro necesita una desintoxicación ahora mismo.[7]

Eso quiere decir que usted tiene que comenzar a remplazar los pensamientos incorrectos con los correctos, o como me gusta decirlo de otra manera: "Comience a remplazar sus pensamientos viejos con los pensamientos de Dios hallados en su Palabra". Esto, por supuesto, es un proceso que en realidad transcurre a lo largo de nuestra vida, pero cada pensamiento tóxico que se remplaza con uno saludable libera más gozo en nuestra vida, al igual que salud en nuestro cuerpo.

En mi libro *The Secret to True Happiness* [El secreto para la felicidad verdadera] comparto algunos puntos clave, y quisiera mencionar tres de ellos en este libro.

Poner a Dios primero:

No entiendo como alguien puede ser consistentemente feliz si no cree en Dios. Curiosamente, algunas personas que no creen hacen de su misión en la vida el disminuir la fe de los demás. Son infelices y quieren hacer infelices a los demás también.

Se cuenta la historia de una dama que tuvo que viajar extensivamente por su negocio, y la mayoría de los viajes involucraban vuelos aéreos. Pero volar la ponía muy nerviosa, así que siempre llevaba su Biblia consigo para leerla en los vuelos largos, porque le ayudaba a relajarse.

En un viaje, estaba sentada a lado de un hombre. Cuando él la vio sacar su Biblia, soltó una risita con gesto de incredulidad, y volvió a lo que hacía. Después de un tiempo, volteó hacia ella y le preguntó: "¿Usted no cree realmente todo lo que está escrito en ese libro, verdad?". La dama respondió: "Claro que sí. Está en la Biblia".

Él dijo: "Pues, ¿y qué del hombre que fue tragado por la ballena?". Ella respondió: "Oh, Jonás. Sí, creo esa historia. Está en la Biblia". Él le preguntó: "Pues, ¿y cómo supone usted que él haya sobrevivido todo ese tiempo dentro de una ballena?". La dama respondió: "Pues, realmente no sé. Parece que tendré que preguntarle cuando yo llegue al cielo".

"¿Y qué si él no está en el cielo?", preguntó el hombre de manera sarcástica.

"¡Entonces *usted* puede preguntárselo!", respondió la dama.

Puedo decir con seguridad que el hombre en esta historia no era un hombre feliz. Puedo percibir la amargura en sus comentarios y preguntas. Es una tragedia terrible cuando uno lo encuentra difícil de creer.

Crea como un niño pequeño y ponga a Dios primero en su vida, y la felicidad será más fácil de alcanzar. Dios es la fuente de todas las cosas buenas, y eso incluye el gozo. Jesús dijo que Él vino para que pudiéramos tener vida y vida en abundancia (Juan 10:10). Recomiendo comenzar cada día hablando con Dios acerca de su día y pidiendo su ayuda en todo lo que usted tiene que hacer.

Fue una experiencia que me cambió la vida cuando me di cuenta que Dios quiere que cada uno de nosotros seamos completamente felices y disfrutemos la vida a plenitud. Había crecido sin disfrutar realmente de nada, y en realidad nunca tuve la oportunidad de ser una niña libre de preocupaciones. Gracias a Dios, Él me ha dado la oportunidad de serlo como adulta. Crea que Dios le ama, Él está por usted, Él está con usted, y Él se deleita en ayudarle. Siéntase libre de hablar con Él acerca de lo que sea, porque Él se interesa en todo acerca de usted. Él quiere oírle reírse y verle disfrutar de su vida.

Saber quién es usted:

Como hijo de Dios, es importante entender que usted se convierte en una nueva criatura en Cristo cuando lo recibe como su Salvador y Señor.

> *De modo que si alguno está en Cristo, nueva criatura es; las cosas viejas pasaron; he aquí todas son hechas nuevas.*
>
> 2 Corintios 5:17

Me encantan los comienzos nuevos, y eso es lo que Jesús nos ofrece. No importa el mal que tal vez haya hecho en su pasado, usted es una creación nueva ahora. Las cosas viejas han pasado y todas las cosas son hechas nuevas. ¡La verdad por sí sola nos hace muy feliz!

Jesús cargó todos nuestros pecados sobre sí y nos dio su propia justicia. Por medio de Él hemos sido justificados con Dios. Ahora Dios nos ve justos ante Él. Ya no tenemos que sentirnos "mal" acerca de nosotros mismos.

Al que no conoció pecado, por nosotros lo hizo pecado,
para que nosotros fuésemos hechos justicia de Dios en él.

2 Corintios 5:21

Leer esta escritura debe hacernos reír a carcajadas. ¡Qué buenas noticias! Somos hechos justicia de Dios, aprobados y aceptables para Él. ¡Asombroso! Si usted se ha sentido mal acerca de sí mismo, deseado que fuera otra persona más aceptable, o se ha comparado con otras personas, aquellos días han llegado a su fin si usted sabe quién es en Cristo. Él nos da una identidad nueva, y todo lo que tenemos que hacer es creerlo y recibirlo por fe.

Conocer el poder que le pertenece como creyente:

Sentirse incapaz y abrumado obstaculiza su felicidad, pero Dios nos ha resuelto ese problema si tan sólo lo creemos. El apóstol Pablo oró por la Iglesia pidiendo que pudieran conocer el poder que se les había dado como creyentes (vea Efesios 1:19). Si

> *¡Piense débilmente y será débil... piense fuertemente y será fuerte!*

creemos que somos incapaces, entonces lo seremos, y si no podemos lidiar con los retos en nuestra vida, entonces no podremos. Nuestros pensamientos nos afectan de maneras sorprendentes. Ellos son una clave en la regulación de nuestros niveles de energía. ¡Piense débilmente y será débil... piense fuertemente y será fuerte! Somos fuertes en Cristo, no en nosotros mismos. Cuando tiene que hacer algo, no se mire a sí mismo y preguntarse si usted es capaz: mire a Jesús y sepa que en Él usted es capaz. He aquí la promesa de Dios para usted:

He aquí os doy potestad de hollar serpientes y escor-
piones, y sobre toda fuerza del enemigo, y nada os da-
ñará.

Lucas 10:19

¡Cualquiera puede ser feliz si cree y piensa correctamente! Hagamos un compromiso de pensar como Dios piensa para que seamos la gente que Él quiere que seamos y vivamos la vida llena de gozo que Él compró para nosotros con la vida de su hijo Jesucristo.

¡Piénselo!

- Si valorizamos el gozo, entonces no podemos simplemente sentarnos pasivamente y desear ser felices; debemos perseguirlo agresivamente y estar dispuestos a hacer los ajustes donde hagan falta.
- Usted no puede responsabilizar a otro por su gozo. Es una decisión que usted tiene que tomar.
- Simplificar su vida es una gran manera de aumentar su gozo.
- Crea como un niño pequeño y ponga a Dios primero en su vida, y la felicidad será más fácil de alcanzar.

CAPÍTULO 6

El poder del enfoque

Concentre todos sus pensamientos en la tarea actual.
Los rayos del sol no queman hasta que son atraídos a
enfocarse.

Alexander Graham Bell

Si usted quiere hacer algo, pero tiene su mente en algo más, limita usted su poder y capacidad. Aprender a enfocarse es tal vez uno de los retos más grandes en el mundo hoy.

Ningún caballo llega a ninguna parte sin que antes le pongan el arnés.
Ni el vapor ni el gas mueven algo hasta que no se confinan.
Ningún Niágara se convierte en luz ni energía eléctrica a menos que pase por el túnel.
Ninguna vida crece hasta que sea enfocada, dedicada y disciplinada.

Henry Emerson Fosdick[1]

Para que yo pueda hacer un buen trabajo escribiendo este libro, tengo que dejar fuera todo lo demás y enfocarme. Necesito estar a solas y sin distracciones. Hay veces que tengo que tomar decisiones difíciles para así poder ser capaz de cumplir con el llamado sobre mi vida. Recién obtuve un nueva perrita, porque el perro que tuve por doce años murió. Como no había tenido un cachorrito desde hacía mucho tiempo, se me había olvidado cuánto trabajo dan. No sólo eso, sino que la perrita que obtuve era tremenda como ella sola. En realidad, tenía mente propia y no estaba muy aplicada a la obediencia, aunque la había enviado a tres sesiones de entrenamiento extensivo. Ya cuando tenía ocho meses, tuve que enfrentarme a los hechos. No era la perrita correcta para mí, porque yo no podía enfocarme apropiadamente en el trabajo que Dios me ha llamado a realizar y también cuidarla. Tuve que tomar la decisión difícil de salir de ella.

Pasaron unos cuantos meses y decidí intentar con otro perrito, y la que obtuve esta vez era dulce, mimosa y obediente; ¡aprendió rápidamente y era muy linda! (¡Ser linda es muy importante!) Pero aun cuidar de ella era muy difícil debido a mis viajes y agenda. Sin embargo, mi hija se ofreció para compartir el deber de criar a la perrita conmigo, y ahora es una situación perfecta. Tengo la perrita cuando quiera que la desee, y la llevo a su casa cuando no puedo. Tal vez Dios me bendijo con una situación absolutamente perfecta, porque estuve dispuesta a sacrificar mi deseo para así poder mantenerme enfocada en su voluntad para mi vida. Recuerde siempre que Dios promete darnos los deseos de nuestro corazón si hemos de deleitarnos en Él (vea Salmo 37:4). Aun si tiene que deshacerse de algo que quisiera tener o hacer, Dios es capaz de remplazarlo con algo mejor de lo que usted se pueda imaginar.

El enfoque requiere entender que usted no puede tener demasiadas prioridades importantes, o que nada se convierta en una prioridad importante. Cuando hacemos demasiadas cosas a la vez, al final no hacemos nada bien.

> *Cuando hacemos demasiadas cosas a la vez, al final no hacemos nada bien.*

Si tiene una meta, algo que verdaderamente quiere lograr, tendrá que enfocar sus pensamientos, energías y tiempo hacia eso en particular. Es inútil "desear" poder hacer algo; si verdaderamente desea hacer algo, ¡tiene que enfocarse y hacerlo! He escrito más de cien libros a lo largo de los pasados treinta y cinco años, porque siento que Dios quiere que deje un legado al cuerpo de Cristo. Naturalmente, he tenido que sacrificar otras cosas para lograrlo, pero no me siento privada. En realidad me siento realizada, porque creo que he hecho lo que fui diseñada a hacer.

El mundo está lleno de personas insatisfechas y no realizadas, y sospecho que se debe a que no se entregaron a lo que estaban supuestas a hacer. Dios nos ha dado a cada uno dones y habilidades, y debemos nutrirlos y desarrollarlos. Pablo les escribió a los romanos, diciéndoles que se entregaran a cualquiera que haya sido su don (vea Romanos 12:6-8). Soy talentosa como oradora, pero no soy talentosa como músico. En los primeros años de mi vida intenté tocar la guitarra, pero fue una pérdida de tiempo. No podemos lograr una cosa tan sólo porque queremos hacerlo. Dios sólo nos ayuda a hacer lo que Él quiere que hagamos. Averigüe lo que es y entréguese a eso.

El escritor de Eclesiastés dijo que debemos prestarle atención a lo que hacemos (vea Eclesiastés 5:1). No sé usted, pero a veces se me hace difícil. Mi mente tiende a vagar, y tengo que volver a ubicarla. Mientras más permitimos que nuestras mentes corran salvajemente, más salvajes se volverán, pero pueden ser entrenadas a enfocarse con algún esfuerzo diligente. Usted nunca controlará sus pensamientos si no cree que puede. En cualquier momento usted puede dejar de pensar en algo en lo cual no quiere pensar y comenzar a pensar en algo en lo cual sí quiere pensar. Le digo a la gente: "Si no quiere pensar en algo, entonces piense en algo más".

También es posible mantener su mente enfocada en una cosa todo el tiempo, sin embargo, toma práctica.

Richard Carlson expresó en *Don't Sweat the Small Stuff… and It's All Small Stuff* (*No se preocupe por las pequeñeces… y son todas pequeñeces*): "Cuando usted hace muchas cosas a la vez, es imposible ser orientado al momento presente. Así que, no sólo se está perdiendo mucho de disfrutar el potencial que produce lo que está haciendo, sino que también se vuelve mucho menos enfocado y efectivo".

Volver a priorizar

Mantener nuestras prioridades en un orden apropiado es muy importante, y he encontrado que para poder hacerlo, tengo que hacer cambios y ajustes con mucha regularidad. A veces la vida se me llena demasiado sin que me dé cuenta cómo sucedió. Decimos "sí" a una cosa y a otra, le hacemos un favor a un amigo, sentimos que debemos asistir a un evento porque no queremos que nadie se nos ofenda, y sigue y sigue. No pensamos completamente en lo que cada compromiso requiere de nosotros, o cuánto tiempo y energía necesitará, y pronto nos sentimos presionados. Estamos frustrados porque no estamos haciendo las cosas que sí deberíamos hacer, y nos encontramos haciendo muchas cosas que ni siquiera queremos hacer en realidad.

Cuando esto sucede, es hora de volver a priorizar. Nosotros hacemos nuestras agendas, y somos los únicos que podemos cambiarlas.

> Es inútil quejarse acerca de algo si usted puede cambiarlo pero no está dispuesto a hacerlo.

¿Está usted dispuesto a hacer un cambio? A menudo les hago esa pregunta a la gente, porque algunas cosas nunca cambiarán a menos que las cambiemos. Es inútil quejarse acerca de algo si usted puede cambiarlo pero no está dispuesto a hacerlo. Más importante que las muchas cosas que intentamos atascar en nuestro día es si tenemos paz o no. Si no tenemos paz, entonces no tenemos poder alguno. Lo único que tenemos es frustración, complicación y muchos proyectos sin terminar.

Si usted mira a través del lente de una cámara y lo que ve no está enfocado, usted toma el tiempo para enfocar el lente antes de tomar la foto. Debemos hacer lo mismo con nuestras vidas, si nuestras prioridades se han desenfocado. Vea a su mente como el lente de la cámara, y ajuste su manera de pensar para que invierta su energía en algo que verdaderamente quiere hacer.

La Palabra de Dios habla acerca de la necesidad de enfocarse frecuentemente, así que tiene que ser importante. El apóstol Pablo tuvo una meta, y sabía él lo que tenía que hacer para proseguir hacia adelante. Estoy segura que pidieron y esperaron mucho de él, pero en medio de todo, pudo enfocarse en su meta principal, la cual era la madurez espiritual (vea Filipenses 3:10-14). ¡Pablo quería ser lo que Dios quería que fuera! La Iglesia está llena de personas que quieren ser fuertes contra la tentación, pero aun así nunca hacen de estudiar la Palabra de Dios una prioridad, así que fallan vez tras vez.

El autor de Hebreos dijo que quitaran la mirada de todo lo que los hubiera distraído de fijar la mirada en Jesús, el Autor y Consumador de nuestra fe (vea Hebreos 12:2). Mantenga a Jesús siempre en el centro de todo lo que usted haga, y niéguese a permitir que cualquier cosa lo distraiga de Él.

Pablo les escribió a los romanos y les dijo que se enfocaran y buscaran aquellas cosas que agradan al Espíritu (vea Romanos 8:5). Primero tenemos que poner nuestra mente en la dirección correcta antes de poder caminar en la dirección correcta. El enfoque requiere poner y mantener puestas nuestras mentes en lo que es importante para nosotros en cualquier momento dado. Las distracciones son abundantes. El diablo las usa para evitar que demos buen fruto y sean realizados, pero con la ayuda de Dios y algo de determinación, ¡podemos enfocarnos!

No se desanime si encuentra con frecuencia que usted ha permitido que sus prioridades se desorganicen; sólo enfóquese de nuevo y vuelva a encaminarse. Determínese a terminar las cosas que comenzó y entréguese a lo que verdaderamente quiere hacer.

Una mente disciplinada

La Escritura nos dice que Dios nos ha dado una mente sana, y eso es una mente de disciplina y autocontrol (vea 2 Timoteo 1:17). Me alegra saber que tengo una, pero como la mayoría de nosotros, aún la estoy desarrollando. Tengo que ser honesta y decir que entregarme a lo que hago en la actualidad puede ser muy difícil a veces, y oro diariamente que Dios me ayude a enfocarme. Mi mente suele estar ocupada y a menudo está un paso adelantada comparada conmigo. Mis hijos me bromean porque me han conocido que comienzo a abrir la puerta del automóvil antes de que se haya detenido completamente. ¡Ayer me distraje y me tragué el enjuague bucal! (¡No muy sabroso que digamos!) Aprender a disfrutar y estar completamente presente en el momento dado es un reto para mí, pero es uno con el cual no me daré por vencida. He experimentado el poder del enfoque, y también conozco la miseria de ser atolondrada, y no me conformaré con menos del pensamiento enfocado. ¡El momento más grande en nuestras vidas es el momento actual! Tenemos que vivirlo a plenitud y disfrutarlo completamente.

> *Tus ojos miren lo recto, y diríjanse tus párpados hacia lo que tienes delante.*
>
> Proverbios 4:25

Mientras menos ruido tenemos alrededor nuestro, más fácil es enfocarnos. Suelo intentar estar sola por largos períodos cuando escribo mis libros, pero en este viaje mientras escribo, varios integrantes de mi familia están conmigo. Estoy en una habitación sola, pero puedo escucharlos en la otra parte de la casa. Oigo risas y me pregunto qué será lo divertido, y luego soy tentada a salir para ver qué sucede. Si lo hago, entonces interrumpo mi enfoque y me toma más tiempo volverme a enfocar.

No podemos ser ermitaños siempre, pero no hay nada

malo con pasar tiempo a solas para enfocarse en lo que es importante para usted.

¿Qué sucede si me pierdo algo?

Creo que nos desviamos a menudo simplemente porque queremos involucrarnos en todo lo que acontece. ¡No nos queremos perder nada! Oigo la risa y pienso: *Quiero ser parte de la diversión.* Pero cuando se publique mi libro, ellos que se estaban divirtiendo tal vez habrían querido escribir un libro. Simplemente no podemos hacerlo todo. Debemos escoger lo que es más importante para nosotros y enfocarnos en ellos.

Poder enfocarse significa que tengo que decir "no" a las cosas que quisiera decir "sí". Sin embargo, cuando las comparo con las metas principales en mi vida, me doy cuenta que aún tengo que decir "no". La manera más sencilla de lo que le presento es que usted no puede tener todo lo que quiere y tener todo lo que vale algo. Tomar decisiones sabias es la clave del éxito. Escoja hacer ahora lo que le satisfará después. Si escojo dejar de escribir e ir a ver de qué se trata la risa, puede que me divierta ahora, pero le aseguro que después cuando no haya alcanzado la meta de hoy, lo lamentaré. La única manera de vivir sin remordimientos es hacer lo que sabe que debe hacer, cuando sabe que lo debe hacer.

La mentalidad de un campeón

Llamada a menudo la excampeona mundial del fútbol, Mia Hamm dice que a menudo le preguntan: "Mia, ¿qué es lo más importante que puedan tener los futbolistas?". Sin vacilación alguna, contesta: "La resistencia mental". Y ella no se refiere a algún rasgo innato. Cuando once futbolistas lo tumban a usted, cuando está cansado o lesionado, y los árbitros están en su contra, no puede dejar que nada de eso afecte su enfoque. ¿Cómo lo hace? Tiene que aprender cómo. "Es", dice Hamm, "uno de los aspectos más difíciles del fútbol y con el cual batallo en cada juego y práctica".[2]

Es imposible ser un campeón en cualquier área sin el poder del enfoque, y es algo que nunca viene sin oposición. He visto partidos de golf y me he dado cuenta que los campeones son los que no permiten que un mal tiro les haga enojar. Ellos saben que deben permanecer enfocados si han de tener alguna esperanza de ganar. He visto a los jugadores de fútbol americano ser tumbados, y beisbolistas caerse, pero los grandes no se enfocan en la caída; se enfocan en ganar el juego. El enfoque requiere que se levante uno después de una caída y que siga como si nada hubiera sucedido. Los campeones nos tienen tiempo para revolcarse en sus errores.

> *Es imposible ser un campeón en cualquier área sin el poder del enfoque.*

Independientemente que usted sea un campeón del golf, una madre campeona, o un maestro campeón, es imperativo que aprendamos a enfocarnos en lo actual, y eso quiere decir despojarse de los errores pasados (sin importar cuán recientes sean).

También he aprendido que los superestrellas exitosos de los deportes siempre juegan en su mente antes de jugar en la realidad. Conozco un ex mariscal de campo que pasó días enteros trazando jugadas y repasándolas vez tras vez en su mente. Cuando practicamos mentalmente, es más fácil ejecutar físicamente. Me encuentro haciendo lo mismo antes de conducir un seminario de enseñanza. Repaso mis notas vez tras vez durante el seminario de tres días. Durante esos tres días, sólo estoy enfocada en lo que fui a hacer allí. No permito que las distracciones innecesarias me desvíen. Mi equipo ministerial sabe que esos no son días adecuados para que me cuenten sus problemas, a menos que no haya otra opción. No quiero que nada luche por mi atención, porque quiero que las palabras que yo hable sean como un rayo láser llegando a los corazones de los que escuchan.

Todos queremos ser campeones en algo. Queremos ser ganadores en la vida. Queremos tener éxito. Pero tristemente, muchas personas no comprenden lo que esto requiere. No disciplinan sus mentes, hábitos, cuerpos o finanzas, y luego quieren saber por qué han fallado. La disciplina es la herramienta que Dios nos da para ayudarnos a ser quienes decimos que queremos ser y hacer lo que decimos que queremos hacer. La disciplina es nuestra amiga, no nuestra enemiga. Aprenda a disciplinar su mente y practique enfocarse. Puede que tome tiempo y esfuerzo, pero cuando alcance una medida de éxito, encontrará la vida ser más fácil y más satisfactoria.

Admito que enfocarse es más difícil para unas personas que para otras. Hay desequilibrios químicos que causan problemas en esta área para algunos individuos. Para estas personas, muchos estímulos o actividad no son una buena idea. Tienen que ayudarse a sí mismos al crear un espacio donde puedan trabajar que no impida su progreso. Conocí un niño que tenía trastorno de déficit de atención, y su maestro lo sentó en la primera fila justo frente a su escritorio, porque era el lugar donde menos se podía distraer. Conozco una adolescente que tiene que estar a solas en un cuarto para hacer la tarea porque se distrae fácilmente. Sin embargo, antes de reclamar un desorden químico y decidir que simplemente no puede enfocarse bien, asegúrese que no esté meramente lidiando con una falta de disciplina mental.

Cuanto antes, mejor

Encuentro que cuando tengo un proyecto en el cual de verdad tengo que enfocarme, mientras más temprano comienzo en el día mejor me resulta. Si espero hasta que haya tenido que lidiar con demasiadas otras cosas, puede causarme un estrago mental. Entonces no me siento tan refrescada como quisiera para el proyecto que es mi prioridad principal.

Es importante que usemos nuestro tiempo de manera sabia o lo desperdiciaremos en cosas que no nos ayudan a hacer lo que tenemos que hacer. Por ejemplo, cuando intenta prestarle atención a un proyecto, alguien o hasta varias personas, tal vez le hagan una pregunta que ellas *sienten* que necesita ser contestada inmediatamente, pero para que pueda usted contestarla de manera adecuada, tiene que hacer tres llamadas para obtener la información que usted necesita. No todas las personas le contestan el teléfono, así que tiene usted que mantener el suyo encendido para así poder recibir la llamada de vuelta y, mientras tanto, a usted le llegan más llamadas y mensajes. Le llegan cinco llamadas telefónicas que no esperaba. ¿Tiene que contestar usted tan sólo porque ellos llamaron, o puede usted decidir no contestar la llamada en ese momento y devolverle la llamada más tarde? Con demasiada frecuencia, he decidido atender la llamada y al final pasé treinta minutos en el teléfono con alguien que habla y habla acerca de algo que es su prioridad, y no la mía. Hay veces que voy de camino a algún lugar y necesito mantenerme enfocada, cuando se me acerca alguien que necesita "un segundo" de mi tiempo. Nadie necesita jamás tan sólo un segundo, así que es mejor pedirle a la persona contactarse con usted después y mantenerse enfocado. No podemos evitar todas estas situaciones, pero podemos aprender a manejarlas mejor si verdaderamente queremos enfocarnos en lo que es nuestra prioridad.

Intente atender sus prioridades mientras su mente está fresca y sin llenarse de demasiadas cosas adicionales. Como nuestros pensamientos están conectados a todos los demás sentimientos y decisiones, es mejor mantenerlos en paz y calma en vez de volar en diez direcciones distintas. Sólo tenemos cierta cantidad de energía para cualquier día en particular, y si la dividimos entre demasiadas cosas, terminamos haciendo un esfuerzo débil en todo, en vez de un esfuerzo enfocado y creativo en unas pocas cosas.

Cuando me desperté esta mañana, mi meta principal para el día fue trabajar en mi libro. Tenía una meta de terminar cierta cantidad de palabras al finalizar el día si fuera posible. Había tenido alguna dificultad al comenzar a escribir esta mañana, porque tuve que lidiar con unas ocho cosas adicionales antes de comenzar. ¿Se pudieron haber evitado algunas? Si soy honesta con usted y conmigo misma, tengo que admitir que pudieron haberse evitado. Creo que unas de las cosas más difíciles para nosotros aprender es cómo separar lo que realmente tenemos que hacer de las cosas en las cuales terminamos involucrados, cosas que probablemente debimos haber evitado. Pero con la ayuda de Dios y un poco de determinación, ¡podemos lograrlo!

"Cuanto antes, mejor" es mi eslogan nuevo cuando se trata de trabajar en mis metas principales para cada día. Cualquier persona exitosa tiene que desarrollar una capacidad de escoger las cosas más importantes por encima de las menos importantes. No son meramente gente afortunada cuyas vidas no tienen interrupciones, pero han simplemente aprendido a tomar mejores decisiones. Decidamos juntos tomar las mejores decisiones todos los días y escoger lo que es excelente y de mayor valor. Esto lo oró Pablo para las iglesias, y yo oro esto para usted...

Quiero que entiendan lo que realmente importa, a fin de que lleven una vida pura e intachable...

Filipenses 1:10 (NTV)

¡Piénselo!

- Si tiene una meta, algo que realmente quiere lograr, tendrá que enfocar sus pensamientos, energías y tiempo hacia ella.
- Averigüe para qué Dios le ha dotado y entréguese de corazón a ello.
- Para poderse mantener enfocado en la vida, es importante volver a priorizar en su camino.
- No lo puede hacer todo. Escoja lo que es importante para usted y enfóquese en ello.
- La disciplina es la herramienta que Dios nos da para ayudarnos a ser quienes decimos que queremos ser y hacer lo que decimos que queremos hacer.

SECCIÓN 2

Cómo sus pensamientos afectan el mundo a su alrededor

CAPÍTULO 7

¿Querría ser usted amigo de usted mismo?

La única manera de tener un amigo es serlo usted.
Ralph Waldo Emerson

Nuestros pensamientos y actitudes afectan a nuestras amistades de muchas maneras. Por ejemplo, una actitud positiva atrae a muchos amigos, mientras que alguien que es negativo puede encontrarse aislado y solo. Como dice el viejo refrán: "Usted puede atrapar a más moscas con miel que con vinagre".

Dudo seriamente que las personas que piensan y hablan de manera negativa estén al tanto de cuánto afecta su negatividad a sus relaciones. Para ser honesta, las únicas personas que disfrutan de una persona negativa son las personas que también son negativas. Cualquiera que es feliz, o quiere serlo, descubrirá rápidamente que estar con personas negativas y agrias no les ayuda a alcanzar o mantener el gozo. De hecho, pueden tener un efecto sobre los demás de agotarles el gozo.

He admitido abiertamente que pasé muchos años siendo una persona negativa. En son de broma he dicho que si antes tenía dos pensamientos positivos seguidos ¡a mi cerebro le hubiera dado un calambre! Sólo puedo mirar hacia atrás y darme cuenta que durante aquellos años de mi vida yo estaba sola y tuve muy pocos amigos. No tenía idea alguna del porqué no le caía bien a la gente, pero ahora sé que mi actitud agria fue una de las razones.

Mi esposo fue, y es, muy positivo, y siempre ha sido una buena influencia en mí en esta área. Recuerdo haberme irritado con él al principio porque siempre era tan alegre e ilusionado cuando la vida me parecía ser tan oscura y triste. Aunque a veces él me frustraba, lo necesitaba desesperadamente y eventualmente su actitud positiva me ayudó. La mejor manera de despojarse de la oscuridad es exponerla a la luz. Dave fue una luz para mí, en que su gozo eventualmente me dio hambre de cambiar mi propio comportamiento. Una de las mejores maneras que podemos ministrarles a las personas es salir al mundo y ser una influencia positiva y de gozo sobre ellas. Si reconoce que es usted una persona de pensamiento negativo, lo mejor que puede hacer es evitar pasar tiempo en exceso con otras personas negativas, y pasar gran cantidad de tiempo con personas positivas e ilusionadas. No acepte la mentira que usted no puede ser feliz porque tiene demasiados problemas. Si alguien puede ser feliz, usted puede ser feliz, porque las promesas de Dios son para cualquiera que las crea y las reciba por fe.

> *La mejor manera de despojarse de la oscuridad es exponerla a la luz.*

¿Atrae gente hacia usted?

¿Es usted el tipo de persona con quien otros desean tener una amistad? Viéndolo de una manera más personal, ¿es usted el tipo de persona con quien usted querría tener una amistad? Si no quisiera yo tener una amistad conmigo mismo, ¿cómo puedo esperar que otro quiera tenerla conmigo? Quiero ser el tipo de persona que a los demás les alegran conocer y llamarse su conocido o amigo. Quiero que la gente se alegre de toparse conmigo en Starbucks y de haber tenido unos minutos para conversar conmigo. Cuando estoy en una reunión, me gustaría ser procurada por los demás, porque les agrada mi actitud y el estar conmigo les añade a su gozo.

Estoy segura que usted siente lo mismo, pero también

deberíamos darnos cuenta que si queremos tener ese tipo de efecto positivo sobre las personas, tenemos que ser personas positivas. No creo que alguien diga que no quiere caerles bien a los demás, pero también tienen que darse cuenta que no suceden las cosas buenas de manera accidental. Si queremos ser agradables a los demás, ¡podemos escoger ser agradables! Tenemos que ser amables y hacer cosas que hagan que las personas se sientan bien acerca de sí mismos cuando pasan tiempo con nosotros. Una vez oí que aunque la gente no se acuerde de lo que usted le dijo, sí se acuerda de cómo usted los hizo sentir.

Mi entrenador personal es una persona muy agradable, positiva y alentadora, y siempre tengo anhelo de verlo. Su actitud hace que la experiencia de ejercitarse sea tan agradable. Aun cuando los ejercicios en sí son usualmente difíciles, me hace sentir como si estuviera increíblemente fuerte por medio de los comentarios positivos que me hace. Me dijo recientemente que estoy funcionando como una mujer de cincuenta y cinco años a pesar de tener setenta. ¡Me cae tan bien!

Por otra parte, tuve otro entrenador hace unas semanas que no era ni muy positivo ni alentador. Cuando corregía mi forma, lo hacía de una forma bastante negativa y condescendiente. Él de verdad pensaba que me estaba ayudando, pero la verdad era que me estaba desanimando. Puede que necesitaba su consejo, pero me lo pudo haber dado de una manera más alentadora y quizás en dosis más pequeñas. La corrección excesiva quebranta el espíritu de una persona y la debilita. También fue muy tacaño con sus cumplidos o elogios. Sólo ocasionalmente llegué a oír la palabra "bien" salir de él, y aun en ese entonces no lo decía con mucho entusiasmo que digamos. No es difícil darse cuenta por qué no disfruté trabajar con él ni una fracción de cómo lo disfruto con mi entrenador actual.

Si alguien tiene un empleo donde lidia con el público o tiene clientes, es tonto ser negativo y esperar salir adelante.

Dé lo que espera recibir

En vez de enfocarme en mí misma cuando estoy con otros, necesito enfocarme en ellos. Le he pedido a Dios darme el don de consciencia. Quiero entrenarme a mí misma de realmente ser consciente de las personas a mi alrededor, sus necesidades y cómo les hago sentir. Quiero saber qué me están tratando de comunicar, y eso puede ser distinto a lo que están diciendo. Personas que son inseguras o emocionalmente heridas, a menudo tienen miedo de revelar sus necesidades con honestidad, así que se comunican de manera más vaga. Ellas esperan que leamos entre líneas, por decirlo así. Quieren que las conozcamos y lo que necesitan, pero tienen tanto miedo al rechazo que no se comunican de una manera directa. La única manera que usted realmente las "oirá" será si las escuchamos con nuestros oídos espirituales al igual que con los oídos de nuestra cabeza.

Jesús percibió muchas cosas acerca de la gente que no eran obvias para los demás porque él tenía el don de consciencia. Pudo fijarse que la gente dolía y siempre tomó el tiempo de detenerse y ayudarles. Cuando tomamos el tiempo para ayudar a la gente, o escucharla genuinamente, la hace sentirse valiosa.

Jesús se fijó en un paralítico acostado al lado de un estanque esperando un milagro: este hombre había estado allí treinta y ocho años. Jesús se detuvo a hablar con él y ofrecerle ayuda, pero me pregunto cuántos más habían pasado por ahí durante aquellos largos años, sin fijarse en el paralítico ni interesarse en ayudarle (vea Juan 5).

Jesús nos enseñó a amar al prójimo como a nosotros mismos, y contó una historia que nos ayuda a entender lo que esto significa. A un hombre, le golpearon y le robaron, y le dejaron por muerto a la orilla del camino. Dos religiosos lo vieron, pero pasaron por el otro lado del camino. ¿Se ha usted cruzado la calle, o evitado un pasillo en la tienda, para evitar intencionalmente a alguien con alguna circunstancia desagradable tan sólo porque usted no se quería involucrar? Es más que probable que la respuesta sea "sí". Un hombre se detuvo a ayudarle y usó su propio dinero para asegurarse que el hombre fuera cuidado hasta recuperarse, y Jesús dijo que él fue el único que verdaderamente mostró amor por el hombre (vea Lucas 10:27-36).

Si usted no querría ser amigo de usted mismo, entonces comience a cambiar. Deles a otros lo que espera recibir. Una de las leyes espirituales que se nos enseñan en la Palabra de Dios es que cosechamos lo que sembramos (vea Gálatas 6:7). Cuán emocionante, ¿verdad? Si queremos ganar algo, lo único que tenemos que hacer es dárselo a otros y eventualmente volverá a nosotros. Vea la vida como una rueda y dese cuenta que lo que usted coloca sobre la rueda eventualmente volverá a usted. Cuando nacemos de nuevo, Jesús nos da un comienzo nuevo. Mediante una relación con Él, podemos aprender cómo colocar cosas en la rueda de la vida que queremos que vuelvan a nosotros eventualmente.

No estoy diciendo que si soy grosera con alguien una vez, que volverá a mí. Gracias a Dios, podemos reconocer nuestro mal y pedir perdón y remover aquellas cosas de la rueda, pero si continúo maltratando a las personas, volverá a mí. Dave y yo hemos bromeado a menudo acerca del principio de la rueda. Si yo, jugando, le tiro una toalla mojada, me dice: "La acabas de colocar en la rueda y tú sabes lo que significa eso". Antes de que se acabe el día ¡puedo esperar que me tiren una toalla mojada! Sé cómo funciona el principio de la rueda, y quiero recordarlo cuando lidio con las relaciones personales.

Frecuentemente me encuentro con personas que se sienten solas, pero después de estar alrededor de ellas por un corto período sé por qué. Hablan acerca de sí mismos y sus problemas sin cesar, y su actitud general hacia la vida, el trabajo, el gobierno, la iglesia, hacia sí mismos y los demás es completamente negativa y gruñona. Hasta tienen el ceño fruncido marcado en sus rostros, y mucho de su lenguaje facial y corporal le deja saber al mundo que son individuos insatisfechos. Admito que no me agrada estar alrededor de ellas, y no ejercen una buena influencia sobre mí. No me siento mejor después de estar con ellas, pero sí me siento agotada. Estos tipos de personas negativas también son muy dados a la crítica. Dale Carnegie, autor del libro *Cómo ganar amigos e influir sobre las personas*, dijo: "Cualquier tonto puede criticar, condenar y quejarse; y la mayoría de los tontos lo hacen".[1]

Si no me agrada estar alrededor de personas amargadas y criticonas, ¿cómo le agradaría a alguien estar alrededor mío si me comporto de la misma manera? Podemos aprender mucho sobre cómo tratar a los demás al observar cómo nos sentimos cuando se nos trata mal. Trabajé en un lugar por varios años donde el jefe trataba a la mayoría de la gente como inferiores a él e insignificantes. Sabía que Dios me quería allí durante aquella temporada de mi vida, pero honestamente no entendía por qué me había colocado en un lugar donde se me maltrataba. Muchos años después, luego de estar en el ministerio y haber tenido a varios cientos de empleados, me di cuenta que había yo aprendido una gran lección durante aquellos años. Aprendí cómo tratar a la gente si quería que me respetaran y les cayera bien. También aprendí que si queremos agradar a Dios, ¡no podemos maltratar a sus hijos!

¿A quiénes conoce usted que le hacen sentir muy bien cuando está con ellos? Ahora pregúntese por qué, y comience a seguir su ejemplo. No siempre he sido la mejor oyente del mundo. Soy muy buena hablando, pero no tanto escuchando. Uno de los pastores con quien más disfruto estar es un gran oyente. Cuando hablo con él, actúa como si cada palabra que digo valiera el esfuerzo escucharla. Nunca me hace sentir que tengo que apresurarme o como si él no pudiera esperar a alejarse de mí. Raras veces me interrumpe, porque está más enfocado en lo que digo que en lo que él quiere decir. La lección es sencilla: Si quiero hacer sentir a los demás como él me hace sentir, ¡entonces necesito hacer lo que hace él!

Conozco a unas cuantas personas más que siempre me hacen sentir increíble, porque me animan y me felicitan por los menos unas cuantas veces cada vez que las veo. Puedo seguir su ejemplo, y estoy aprendiendo a hacerlo. Escoja como amigos a quienes usted quisiera parecerse, y no las personas a quienes no quiere parecerse.

Usted puede llegar a ser como las personas con quienes pasa el tiempo

Mientras visitaba y pasaba tiempo con varios confinados en una cárcel, un amigo me compartió que la mayoría de los confinados conectaron sus comienzos en su vida criminal con dejarse influenciar por el grupo de personas equivocado. No se negaban a responsabilizarse por los crímenes que cometieron, pero compartieron que sus problemas comenzaron cuando se integraron a una pandilla, o se involucraron con el hombre o la mujer equivocada.

Cuando tenía de ocho a doce años, vivía en un vecindario donde la mayoría de los niños eran mayores que yo, y me di cuenta que estar alrededor de ellos me llevó a hacer cosas que no debía hacer. Me influyeron a comenzar a fumar cigarrillos cuando tenía nueve años y a mentirles a mis padres con frecuencia acerca de las cosas que hacíamos. Hasta me convencieron a robarles dinero a mis padres para dárselo a ellos. Es asombroso lo que hacemos para ser aceptados y sentir que pertenecemos. Como seres humanos creados para la conectividad, corremos el peligro de tomar decisiones seriamente incorrectas para evitar sentirnos solos, pero al final terminamos solos de todas maneras, lidiando con los problemas que creamos de las malas decisiones que tomamos.

Sólo piense en una mujer que quiere desesperadamente

casarse y tiene miedo que su edad sea un obstáculo para lograrlo. Ella conoce a un hombre que está interesado en ella, pero no es cristiano como lo es ella, y no tiene interés alguno en llegar a serlo. Él tiene varios hábitos que la preocupan a ella, como beber demasiado y el juego, y tiene un temperamento fuerte. Pero en su desesperación, ella se convenció a sí misma que Dios quiere usarla a ella para cambiarlo a él, y dentro de unos meses se casan. No hace falta que pase mucho tiempo para ella darse cuenta que cometió un error serio, pero ahora ella se enfrenta a toda una vida de miseria ¡y todavía se siente sola!

Piense en una joven universitaria que quiere ser aceptada en cierta sororidad y compromete sus valores para ser aceptada por el grupo. Está bien emocionada de haberse integrado al grupo; después de todo, es el más prestigioso de todo el recinto. Pero cómo se sentirá cuando la expulsen de la universidad por consumo de alcohol como menor y adicción a las drogas, siendo que ninguno de esos problemas habían sido una tentación antes de conocer a sus "amigas nuevas".

Aprenda a permitirle a Dios que se involucre en la elección de sus amistades, y tendrá algunas de ellas que le harán mejor persona.

Puede que usted no sea una persona negativa o grosera, pero si se rodea de personas así por períodos largos, se le empezarán a pegar los malos hábitos. Es como estar alrededor de personas que fuman cigarrillos, cigarros o pipas. Puede que usted no sea el que fume, pero si está cerca del humo, de todas maneras apestará usted al humo.

Mi nuera me dijo una vez que ella sabe cuándo mi hijo ha parado en casa con los niños, porque llegan a su hogar con el olor a mi perfume. Esto me pone a pensar: ¿Llegamos a casa con olor a Jesús? ¿Somos gente positiva con una fragancia de aroma agradable? Segunda de Corintios 2:14-15 lo dice esta esta manera:

> *Mas a Dios gracias, el cual nos lleva siempre en triunfo en Cristo Jesús, y por medio de nosotros manifiesta en todo lugar el olor de su conocimiento. Porque para Dios somos grato olor de Cristo en los que se salvan, y en los que se pierden.*

Los alborotadores

> *El alborotador siembra conflictos; el chisme separa a los mejores amigos.*
>
> Proverbios 16:28 (NTV)

En varias ocasiones, en mis casi cuarenta años de ministerio, he tenido que lidiar con alborotadores (problemáticos). Puede que usted pregunte: Joyce, ¿eran cristianos? La contestación es "sí", pero eran cristianos que vivían más conformes a lo que pensaban y a cómo se sentían que por lo que enseña la Palabra de Dios. Las personas que no son sabias permiten que lo que ellas piensan fluyan así porque sí de sus bocas. Por ejemplo, cuando no están de acuerdo con una decisión que se ha tomado en el trabajo, lo primero que hacen es crear problemas al sembrar semillas de contienda y murmuración. Puede que causen que otras personas tengan una mala opinión con respecto a algo en lo cual nunca debieron haberse involucrado.

Me sorprende que cuando no estamos de acuerdo con una decisión que se ha tomado, siempre sentimos que estamos correctos en nuestras opiniones y que los que tomaron aquella decisión están mal. A menudo le digo a la gente que no necesita tener una opinión en una área en la cual no tienen responsabilidad, y también necesito recordarme aún a mí misma a veces de lo mismo. A veces, un restaurante donde como con frecuencia remueve algo del menú que "a mí" me gusta ¡y me irrita! He preguntado por qué y se me ha dicho que era una opción que raras veces se vendía y perdían dinero en ella. Eso, claro, no se me había pasado por la mente. Después de todo, si "a mí" me gusta, seguramente a los demás también, así que ¿alguien me podría explicar por qué la quitarían del menú?

Como no soy responsable de las ganancias del restaurante, puedo tener todas las opiniones que quiera en cuanto a las opciones en su menú, pero mi opinión es una mal informada. No nos cuesta nada tener una opinión, pero si cada negocio siguiera el consejo nuestro podrían terminar en quiebra. Mucha más humildad y mucho menos orgullo nos caería muy bien a todos y disminuiría la contienda en el mundo.

A través de los años, he aprendido cuán verdaderamente peligrosa es la contienda, y personalmente evito a los alborotadores que la causan. Es como una raíz venenosa que se esparce rápidamente y da fruto malo donde quiera que llega. También resisto agresivamente permitir entrar a mi vida alguna contienda ni raíz de amargura. Tengo oportunidades de ofenderme tal como cualquiera otro, pero he aprendido que no tengo por qué "ofenderme". Esa ofensa se la devuelvo a Satanás, el que la incitó.

Recientemente lidiamos con una persona que había hecho enojar a varias personas en nuestras oficinas ministeriales. Guardaba una ofensa en su corazón que había estado ulcerándose desde hacía mucho tiempo, y aunque solía ser un individuo bastante positivo y feliz, se volvió negativo y estuvo causando contienda y división. Gracias a Dios, cuando fue confrontado, se dio cuenta inmediatamente que había permitido que se le envenenara la actitud con el pensamiento equivocado. Estuvo muy arrepentido y rápidamente se disculpó con todos los que había influenciado. Me encantaría poder decir que esto es lo que sucede siempre; sin embargo, la gente que permite que una raíz de amargura entre a su alma no es siempre tan fácilmente persuadida a responsabilizarse de su mala actitud y hacer restitución. Tristemente, va con frecuencia de mal en peor hasta perder sus amigos y su empleo.

Cuídese de la justificación

Cuando le han ofendido y participa de una contienda, es sabio examinar sus pensamientos. Si se da cuenta que justifica tener una mala actitud, le animo a darse cuenta que justificar cualquier mal comportamiento que la Palabra de Dios condena es algo peligroso. Nos mantiene en el engaño y nos incapacita para aceptar y reconocer nuestras fallas. A nadie le agrada decir: "Me equivoqué; por favor, perdóname"; pero es una de las oraciones de cinco palabras más poderosas del mundo. Trae paz a la confusión; el gozo reemplaza a la frustración y la miseria, y hace sonreír a Dios. Él se deleita cuando seguimos sus caminos en vez de a nuestros pensamientos, sentimientos y comportamientos carnales. Dios me ha cambiado dramáticamente en el transcurso de mi vida y ministerio, y estoy a la expectativa de que continúe haciéndolo. Pero en cada instante, se me ha requerido enfrentar una verdad acerca de mí que al final me liberaba. Si nosotros permanecemos en su Palabra, conoceremos la verdad, y la verdad nos hará libres (vea Juan 8:31-32). La autojustificación es peligrosa porque nos impide ver lo que Dios quiere que veamos para que las cosas mejoren en nuestras vidas.

Cuando intento justificarme, siempre encuentro una excusa a mi mal comportamiento. Sé que el comportamiento está mal, y es más que probable que lo condenaría en otro, pero me he dado un pase libre. El apóstol Pablo dijo que juzgamos a los demás por lo que hacemos nosotros mismos (vea Romanos 2:1). La única manera que esto es posible es si justificamos nuestro comportamiento en nuestra manera de pensar al encontrar una excusa del por qué lo hacemos. Nos excusamos, pero cuando se trata de otros, ¡puede que pensemos que no hay excusa! Por ejemplo, puede que piense que no hay excusa para que Dave se irrite conmigo, y fervientemente se lo digo. Pero si yo me irrito con él y me confronta, puede que me excuse al decir que no me siento bien o he tenido un día fuerte. Si fuéramos tan misericordiosos con los demás como lo somos con nosotros mismos, estoy segura que todos se sentirían más amados.

El mensaje en este capítulo es muy sencillo: Si quiere amigos, sea el tipo de persona con el cual otros quisieran estar. Si se da cuenta que usted es bastante negativo o que ha permitido que las desilusiones de la vida echen a perder su actitud, pídale a Dios que comience a cambiarlo. ¡Enfrentarse a la verdad es la puerta hacia la libertad!

> *Si quiere amigos, sea el tipo de persona con el cual otros quisieran estar.*

Piense en esto: ¿Tiene usted amigos que le ayuden a ser una mujer persona?, ¿y es usted el tipo de persona con el cual quisiera tener amistad?, ¿o se alejaría de alguien así como usted? ¿Cómo puede usted ser un mejor amigo? ¿Es usted la fuente de contienda en alguna situación? Si tiene que hacer un cambio, entonces haga el cambio rápidamente. ¡Gracias a Dios que siempre podemos cambiar! Enfrentarse a la verdad y cambiarse conforme a ella es lo que hace a una persona sabia. Una tonta evita la verdad y justifica su comportamiento aunque Dios lo haya juzgado en su Palabra.

¡Piénselo!

- La gente negativa tiene un efecto negativo sobre otros que les agota el gozo.
- Dé lo que usted espera recibir: esperanza, estímulo, gozo y risa.
- Vea la vida como una rueda y dese cuenta que lo que usted coloca sobre la rueda eventualmente volverá a usted.
- Sea el tipo de persona con el cual otros quisieran estar.

CAPÍTULO 8

Su pensamiento afirmativo

Porque cual es su pensamiento en su corazón, tal es él.
Proverbios 23:7

Puedo decir sin vacilación alguna que aprender el poder de los pensamientos y cómo están conectados a todas las áreas de mi vida fue, y aún es, asombroso para mí. No sólo afectan cómo les hablamos a otros, sino también cómo nos hablamos a nosotros mismos. Y mantener un pensamiento afirmativo apropiado nos afecta en todos los aspectos de nuestras vidas.

Es la voluntad de Dios que usted se ame a sí mismo de una manera saludable y equilibrada. Si se disgusta y se irrespeta a sí mismo, su pensamiento afirmativo será negativo y devastador en su crecimiento espiritual y progreso en la madurez espiritual. No tenemos que enamorarnos de nosotros mismos o ser el centro de nuestro propio universo, pero sí tenemos que mantener una autoimagen sana. Esto sólo es posible al conocer al amor de Dios personalmente, al igual que a su gracia, perdón, misericordia y su bondad sufrida. ¡Podemos amarnos a nosotros mismos porque Dios nos ama! Puede que no amemos, y quizás no debemos, todo lo que hacemos, porque todos pecamos y fallamos al alcanzar los estándares perfectos de Dios. Pero podemos amar a la persona que Dios ha creado que sea, en la que siempre estamos en el proceso de ser convertidos por medio de Cristo.

De la manera como nos hablamos a nosotros mismos sobre

nosotros mismos es de vital importancia a nuestra autoimagen así como nos relacionamos con otros. Todos nos hablamos a nosotros mismos, pero algunas personas nunca han aprendido justamente cuánto sus propios pensamientos influyen sobre cómo se sienten acerca de sí mismos y cuán importante es en todas las áreas de sus vidas. Usted mismo, ¿se quiere? Una de las cosas más importantes que he aprendido durante mi jornada con Dios es que no puedo tener una buena relación con alguien más si no tengo una buena relación conmigo misma. Aquí vemos claramente la conexión mental. Mis pensamientos acerca de mí misma están conectados con mis pensamientos y actitudes hacia los demás.

Si soy áspera, dura y legalista, criticona y condenadora conmigo misma, entonces así mismo seré con los demás. Algunas personas esperan más de sí mismas de lo que posiblemente pueden lograr, al hacerlo, se presionan terriblemente a sí mismas. Si nosotros mismos nos lo hacemos, usualmente les haremos lo mismo a los demás.

Una madre que es perfeccionista no sólo esperará perfección de sí misma, sino que también la esperará y la demandará de sus hijos. Una madre joven que tiene tendencias perfeccionistas me contó esta historia:

> Un día mientras vacacionaba con mi familia, tuve que pedirles perdón porque tuve una actitud de mal humor con ellos. Luego de pedirles perdón, tomé un tiempo para preguntarle a Dios por qué me estaba comportando de aquella manera con ellos cuando en realidad no me habían hecho nada para merecer el tipo de comportamiento que mostraba. Me mostró que aquella mañana tuve pensamientos de culpabilidad, porque tiendo a ser más lenta al hacer las cosas comparada con otras personas. He sido así toda mi vida y sufría mucho con la culpa por causa

de ello. Hay momentos que me doy cuenta que no tengo que ser como más nadie, y soy capaz de aceptarme a mí misma como hija de Dios que es amada por él, pero ese día en particular había caído de vuelta a los malos hábitos. La manera en que pensaba y sentía sobre mí misma salió de mí en forma de un mal comportamiento hacia mi familia.

Si tomamos el tiempo para hacerlo, podemos casi siempre conectar el comportamiento incorrecto con alguna manera de pensar incorrecta.

> *Podemos casi siempre conectar el comportamiento incorrecto con alguna manera de pensar incorrecta.*

Recibir misericordia

¿Qué tipo de pensamiento tiene cuando su comportamiento en menos que perfecto? Si comete un error, ¿son sus pensamientos: *No soy lo que debo ser; soy una persona mala*? ¿O piensa usted: *Me arrepiento por cometer un error, pero estoy agradecido por la misericordia de Dios que es nueva cada mañana*?

Dios no quiere que vivamos bajo la tiranía de expectativas poco realistas. No quiere que estemos presionados, pero Él desea que recibamos misericordia por nuestras fallas. Como seres humanos, cometeremos errores y probablemente los cometeremos todos los días. Jesús vino por los que son necesitados, imperfectos y débiles. Vino para ayudar, rescatar, liberar y salvar.

Si pudiéramos manifestar la perfección, no necesitaríamos un salvador. Sí tenemos debilidades, pero no tenemos que odiarnos a nosotros mismos por causa de ellas. Debemos darles a los demás que son imperfectos la misma misericordia que Dios nos da. No rechace a la gente porque no cumplen con un estándar poco realista que usted les ha puesto.

Se sabe muy bien hoy que muchas personas tienen trastornos

alimenticios, problemas de automutilación y adicciones de todo tipo, y hasta se intentan suicidar porque sienten que la presión de las expectativas de los demás es simplemente demasiada. Tal vez sus padres o maestros nunca están muy satisfechos con sus notas en la escuela, o su rendimiento en los deportes, o cómo mantienen sus dormitorios, o su apariencia personal. Seamos misericordiosos con los demás, y nosotros mismos, de la misma manera que Dios es misericordioso y paciente con nosotros.

> Y si supieseis qué significa: Misericordia quiero, y no sacrificio, no condenaríais a los inocentes.
>
> Mateo 12:7

¿Cómo podemos determinar si somos demasiado duros con nosotros mismos o los demás? ¿Cuán a menudo nos enojamos con nosotros mismos, y al final con los demás, porque nuestro rendimiento es menos que excelente? ¿Demanda usted sacrificios de usted mismo o de los demás como pago por los errores pasados? Pasé años de mi vida sacrificando mi gozo para pagar por mis errores. Puedo decir con toda seguridad que estaba casi siempre enojada conmigo misma por algo que sentía que hacía o no hacía. Pensaba que no tenía derecho alguno de disfrutar de la vida por causa de mis fallas, pero gracias a Dios, finalmente aprendí que Jesús me ofrece cosas buenas que no me merezco, y no tengo que pagar por mis pecados porque Él satisfizo la deuda que tenía por medio de ofrecerse a sí mismo. Cuando dejé de intentar hacerme a mí misma pagar por mis errores, me di cuenta que era mucho más fácil dejar de intentar a hacer que otros pagaran por sus errores.

Pasé la mayoría de los primeros veinte años de mi matrimonio con Dave molesta por algo que él o los niños no hacían. Cuando me di cuenta cuán mal era mi comportamiento hacia ellos, quise cambiar, pero no podía hacerlo, hasta que pude entender que estaba enojada conmigo misma también.

Sólo podemos darles a los demás lo que tenemos dentro de nosotros. Cómo pienso acerca de mí misma es cómo pienso acerca de los demás, y la actitud que tengo hacia mí misma es la que pasaré a mi familia y amistades. Si no sé cómo recibir misericordia y perdón, no se los daré a los demás, y si me presiono a mí misma para actuar de manera perfecta, les haré lo mismo a las personas con quienes me asocio.

Cualquiera puede aliviar la presión de sus vidas inmediatamente al decidir tomar una actitud hacia sus propias debilidades y fallas, al igual que a las de los demás.

Cuando aprendí al fin ser más misericordiosa conmigo misma y los demás, se alivió mucha de la presión y frustración en mi vida. Pasar por la vida demandando algo que es imposible tener jamás es una trampa para la miseria perpetua.

Me tomó años aprender a recibir la misericordia de Dios, sólo porque nunca me la dieron cuando era niña. Pero cuando comencé a reconocer y recibir la misericordia de Dios, me convertí en una persona más feliz. Mis relaciones mejoraron, porque las personas quieren tener relaciones con aquellos que las aman y las aceptan sin presionarlas a ser algo que ellas no saben ser.

Hay varias razones por las cuales la gente encuentra difícil recibir misericordia. He enumerado algunas a continuación. Observe si alguna de ellas ha afectado su vida.

1. Nunca se les dio misericordia en la niñez.
2. Tienen temperamentos de perfeccionista y usualmente ven lo que está mal en vez de lo que está bien.
3. Puede que hayan recibido mala enseñanza acerca del carácter de Dios. (Observe: ¡Dios no está enojado con usted! Sin embargo, si usted tiene una actitud legalista y religiosa, pensará que Dios espera de usted cosas que no lo está, y usted estará constantemente presionado por el miedo de que Dios esté enojado o disgustado.)

4. Sienten que la misericordia no es justa. Es extendida a los que no la merecen, y es muy difícil para muchos entenderlo.

Si usted reconoce algunos de estos que impiden el fluir de la misericordia, puede pedirle a Dios que le ayude a vencerlos para que pueda recibir la misericordia que tan libremente da. Cuando empieza a pensar correctamente acerca de la misericordia de Dios en su vida, cambiará la manera que usted mismo se ve. Por ejemplo, veamos la última razón en la lista.

No fue justo para Jesús llevar nuestros pecados sobre sí y ser castigado por el mal que otros cometieron, pero lo hizo. La vida no es justa, pero Dios sí lo es, y hay una diferencia muy grande entre ambos. Puede que la vida no trate de manera justa a todos, pero puede confiar en que Dios siempre traerá justicia. Nos recompensará por cada cosa que hacemos en obediencia a Él, aun si no entendemos por qué nos pide hacerlo.

No parece justo que Dios me pida que perdone completamente a mi padre, que abusó sexualmente de mí, o hasta ir al extremo de cuidarlo en su vejez, pero Dios me bendijo grandemente por hacerlo. Cuando me di cuenta cuánto nos perdona Dios cada día, comprendí su misericordia abundante hacia mí; en cambio, pude mostrarle misericordia y perdón a mi padre. Le resultará más fácil a usted ser misericordioso con los demás una vez esté completamente consciente de cuánta misericordia le ofrece Dios a usted. Uno no puede ganarse la misericordia, sino no sería misericordia. ¡La misericordia puede ser recibida con gratitud! Recomiendo pasar unos cuantos minutos al día pensando cuán misericordioso es Dios con usted, y luego planificar ser misericordioso con los demás en el transcurso de su día. Podemos prepararnos a nosotros

> *Le resultará más fácil a usted ser misericordioso con los demás una vez esté completamente consciente de cuánta misericordia le ofrece Dios a usted.*

mismos para la acción correcta mediante el pensamiento correcto intencional.

Sea más amable consigo mismo

¿Es usted amable consigo mismo? ¿Se dice a sí mismo cosas amables acerca de usted, o está más inclinado a meditar en todas sus fallas? Si queremos caminar con Dios, tenemos que aprender a pensar cómo piensa Dios. ¿Qué piensa Dios acerca de usted? Él piensa que usted es maravilloso y que tiene grandes posibilidades. No se ciega a nuestras fallas, pero Él las ve a la luz de nuestra vida entera y no tan sólo un evento en el cual no nos portamos bien. Si ama a Dios, esto es lo que más le importa, y el amor cubre una multitud de pecados (vea 1 Pedro 4:8). No se enfoque en todas sus fallas, porque Dios no lo hace. Le puedo asegurar que hay más de lo correcto en usted que de lo incorrecto, pero tal vez nunca se ha tomado el tiempo para verlo.

He aquí unas cosas que Dios dice acerca de usted en su Palabra:

> *Eres una creación nueva en Cristo, las cosas viejas han pasado y todas las cosas son hechas nuevas.*
>
> 2 Corintios 5:17

> *Jesús se hizo pecado por usted y lo ha hecho a usted la justicia de Dios en Él.*
>
> 2 Corintios 5:21

> *Él lo escogió cuidadosamente a usted. Lo ha escogido para que sea suyo en Cristo porque lo ama a usted.*
>
> Efesios 1:4-5

> *Usted tiene la mente de Cristo, la capacidad de pensar como Él piensa.*
>
> 1 Corintios 2:16

Usted tiene dones, talentos y habilidades.

Romanos 12:5-6

Dios tiene un plan para su futuro.

Jeremías 29:11

Dios lo ha aceptado a usted y nunca lo rechazará.

Efesios 2:6

Estás completamente perdonado y Dios se ha olvidado de sus pecados.

Hebreos 10:17

Usted es la morada de Dios.

1 Corintios 3:16

Dios lo creo a usted y todo lo que Él crea es bueno.

Génesis 1:31

Dios nos llama su amigo.

Juan 15:15

Somos llamados sus amados.

Romanos 9:25

Parece más natural para nosotros pensar en lo que está mal con nosotros en vez de lo que está bien. Como creyentes en Jesucristo, somos advertidos frecuentemente en las Escrituras sobre los peligros del orgullo, lo cual es pensar que somos más importantes, o mejores, que los demás. Sin embargo, podemos darnos cuenta que somos importantes para Dios y su plan en general para la humanidad sin pensar que somos mejores que los demás. Somos nuevas criaturas en Él, y tenemos que pensar acerca de nosotros mismos como corresponde.

Aun recientemente Dios me recordó a creer que su voluntad para mí es pensar cosas buenas acerca de mí en vez de meramente ver mis fallas. Nunca quiero

Dios nos ve como justos con Él mediante Cristo Jesús.

ignorar mis fallas, o tomar posesión o responsabilizarme por ellas. Pero a la misma vez, si es todo en lo que pienso, me volveré negativa y desanimada acerca de mí misma, y mi pensamiento afirmativo y autoimagen impropios se reflejarán en mis otras relaciones. Dios nos ve como justos con Él mediante Cristo Jesús. Nos ve y piensa de nosotros como estar en Cristo, y deberíamos aprender a hacer lo mismo. En nuestra humanidad, no tenemos valor alguno, y podemos hacer muy poco, pero "en Cristo", somos gente maravillosa que ha sido creada de nuevo en Cristo Jesús. *Porque somos hechura suya, creados en Cristo Jesús para buenas obras, las cuales Dios preparó de antemano para que anduviésemos en ellas* (Efesios 2:10). ¡Dios quiere que nos veamos tal como Él nos ve! ¡Quiere que tengamos una buena vida!

Dios nos ha provisto una buena vida, pero nuestras mentes y actitudes tienen que ser renovados si queremos en realidad verla en nuestro diario vivir. Uno de los versículos más importantes de las Escrituras acerca de nuestros pensamientos es Romanos 12:2:

> *No os conforméis a este siglo, sino transformaos por medio de la renovación de vuestro entendimiento, para que comprobéis cuál sea la buena voluntad de Dios, agradable y perfecta.*

Yo era cristiana por alrededor de veinte años de mi vida antes de tan siquiera oír esta Escritura o tener idea alguna de que mis pensamientos importaban. Ciertamente no tenía idea alguna que tuviera yo opción en cuanto a lo que pensaba y mi mente estuviera conectada en realidad con mis palabras, actitudes y comportamiento. Creo que puedo decir que mi relación con Dios nunca pasó del nivel de preescolar hasta que pude entender el poder de los pensamientos y las palabras. Tal vez esto sea nuevo para usted también, y si lo es, entonces está embarcándose en un comienzo nuevo que será verdaderamente maravilloso. Sé que para mí, entender la conexión de la mente fue uno de los mayores avances en mi vida espiritual.

Desarrollar una buena relación consigo mismo le ayudará de muchas maneras. Usted pasa cada momento de su vida consigo mismo, así que es claro que si no se quiere a sí mismo, entonces usted no será feliz. Con la ayuda de Dios no sólo puede pensar mejor acerca de sí mismo, sino también puede tomar el tiempo para hacer cosas por sí mismo que las puede disfrutar. Dios quiere que ayudemos a los demás y estemos disponibles para hacer una variedad de buenas obras que Dios ha planificado; sin embargo, si nunca toma el tiempo para hacer algo para usted, rápidamente se desgastará por siempre dar y nunca recibir. Comenzará a sentir como si la gente se estuviera aprovechando de usted, pero esa actitud incorrecta puede ser evitada simplemente si toma el tiempo para hacer las cosas que usted disfruta, juntamente con hacer cosas para los demás.

A menudo esperamos que los demás hagan cosas para nosotros y es lindo cuando lo hacen, pero aun si no lo hacen, aún podemos hacer las cosas para nosotros para así poder mantener una vida emocional equilibrada y saludable. Cuando usted se siente desgastado o que se han aprovechado de usted, puede ir donde Jesús por un consejo y puede que le oiga decir: "Tome el día libre y disfrútelo".

Si se trata mejor a usted mismo en sus pensamientos y acciones, le puedo asegurar que comenzará también a tratar a los demás mejor. Lo que sucede *dentro* de nosotros *saldrá* de nosotros, en palabras, actitudes y comportamientos. En vez de sólo estar irritado por causa de la vida desequilibrada suya, haga algo para cambiarla. Es su vida, ¡y Dios espera que usted la maneje sabiamente!

¡Píenselo!

- La manera que hablamos y pensamos acerca de nosotros mismos nos afecta en cada área de nuestras vidas.
- Es la voluntad de Dios que usted se ame de una manera saludable y equilibrada.
- Cuando deja de intentar hacerse a sí mismo pagar por sus errores, es mucho más fácil dejar de intentar hacerles a los demás pagar por los suyos.
- Le será mucho más fácil ser misericordioso con otros cuando ya esté completamente consciente de cuánta misericordia le ofrece Dios.
- Dios le ama. Él piensa que usted es maravilloso, y Él ha llenado su vida con posibilidades grandes.

CAPÍTULO 9

Acciones irreflexivas

Edificar puede ser la tarea lenta y laboriosa de la vida de años. Destruir puede ser la acción irreflexiva de un solo día.

Winston Churchill

Hacemos muchas cosas sin pensar y eso es, tal vez, una de las cosas más peligrosas que podemos hacer. Las acciones irreflexivas traen consigo dolor mental y emocional, y el deterioro y destrucción de las relaciones, al igual que en otras áreas. La gente les dice cosas a los demás sin pensarlo, causando dolor y tal vez les arruina el día. Hacemos las cosas sin pensarlas, como decir cosas en el momento menos adecuado, hacer compras impulsivas, varios compromisos sin considerar seriamente si podemos cumplir con ellos o no. Muy a menudo practicamos lo que llamo "comer sin sentido", comer sin estar completamente consciente de lo que hacemos. Nos detenemos para hablar con un compañero de trabajo que tiene un plato de dulces en su escritorio, y mientras hablamos, comenzamos a comer, sin sentido alguno, tres chocolates. Pasamos por un plato de galletas dulces sobre una mesa en una mueblería, de todos los lugares posibles (me pasó una vez) y sin pensarlo tomamos una y ¡comenzamos a comer mientras estamos de compras!

Tenemos muchas "acciones irreflexivas", pero este libro no sólo se trata de aprender a pensar, sino también hacerlo a propósito y correctamente.

Cuán a menudo tiene usted que pedir perdón por algo, y decir algo como: "Perdóneme por lastimarlo: simplemente no estaba pensando". Nuestras vidas serían mucho mejor si formáramos un hábito de pensar antes de hablar o actuar. Me imagino que tomará toda una vida de disciplina continua para poderlos lograr a plenitud, pero al menos podemos comenzar a movernos en la dirección correcta.

En su libro *El hombre espiritual*, Watchman Nee habló mucho acerca de los peligros de la mente pasiva. Fue de sus enseñanzas que primero comencé a darme cuenta que podemos comenzar a pensar por nosotros mismos, en vez de simplemente meditar pasivamente en cualquier cosa que aparezca en nuestras mentes. Algunos pensamientos no son ni buenos ni malos; ¡simplemente son inútiles! Los llamamos "pensamientos grises". Provienen de algo que vimos, recordamos, o tal vez no podemos encontrar la fuente de la cual provienen. También me refiero a ellos como pensamientos brillantes y pensamientos oscuros. Los oscuros causan daño: son muy destructivos y usualmente negativos. Gracias a Dios, hay pensamientos buenos que arrojan la luz en nuestras mentes y nos dan sentimientos buenos y energía positiva.

Por ejemplo, si voy manejando en el auto por el autopista y pienso: *Qué muchos pájaros hay sobre el tendido eléctrico*, eso es un pensamiento gris acerca de algo que observé. Sin embargo, si voy por la carretera y pienso: *No hay manera que Dios me pueda amar después de hacer todas las cosas que he hecho mal*, esa es una mentira oscura inyectada en mi mente por el diablo, quien espera prevenir que yo pueda recibir el amor y perdón de Dios. Si voy en el mismo auto, por la misma carretera, y pienso: *Cosas buenas sucederán en y a través de mí hoy. Dios me ama y me da su favor todo el día*, ese es un pensamiento bueno que permite que la luz entre a mi alma.

¡Intente siempre encontrar pensamientos buenos y brillantes!

El campo de batalla de la mente

Muchos cristianos hoy no quieren escuchar nada sobre el diablo. Ellos lo consideran un tema de conversación desagradable, pero pensar de esta manera abrirá una puerta a la decepción y el error. El diablo está vivo y activo en el planeta Tierra, y deberíamos estar consciente de él y aprender cómo lidiar con él de manera agresiva. La verdad básica es que el diablo es un mentiroso, y usa nuestra mente como un campo de batalla para guerrear con nosotros. Él es la fuente de los pensamientos oscuros y dañinos. Su meta es prevenir que disfrutemos del plan bueno que Dios tiene para nosotros, él tiene éxito si nunca aprendemos a reconocer cómo ataca nuestras mentes. La Escritura nos enseña que nuestra mente es un campo de batalla donde se está librando una guerra.

> *Pues aunque andamos en la carne, no militamos según la carne; porque las armas de nuestra milicia no son carnales, sino poderosas en Dios para la destrucción de fortalezas, derribando argumentos y toda altivez que se levanta contra el conocimiento de Dios, y llevando cautivo todo pensamiento a la obediencia a Cristo.*
>
> 2 Corintios 10:3-5

Vemos en estos versículos que definitivamente estamos en guerra y tiene que ver con la esfera de nuestros pensamientos. ¡Esta guerra es una espiritual! Los pensamientos no pueden ser vistos, pero vemos los resultados de ellos. Los pensamientos operan en el reino espiritual, tal vez por esta razón, no podemos darnos cuenta cuán poderosos son. Tendemos a ignorar lo que nuestros ojos no pueden ver, y aun así la Palabra de Dios nos enseña tanto acerca del reino espiritual invisible como del reino natural visible.

Los pensamientos no pueden ser vistos, pero vemos los resultados de ellos.

Las escrituras en 2 Corintios no dicen de plano que el diablo pone estos pensamientos en nuestras mentes, pero todo lo malo proviene de él. Así que es lógico pensar que si los pensamientos son destructivos, o nos van a obstaculizar o robarnos de lo mejor de Dios para nosotros, fueron iniciados por el diablo. Y hay otras escrituras que debemos considerar que nos dicen de plano que Satanás instiga los pensamientos malos.

El apóstol Juan escribió que Satanás puso el pensamiento de traicionar a Jesús en el corazón de Judas (vea Juan 13:2). Ananías y su esposa, Safira, vendieron un terreno con la intención y compromiso de entregar el dinero para ayudar a los indigentes y los pobres, pero ellos engañosamente se quedaron con una parte del dinero para sí. Hechos 5:3 dice: "Y dijo Pedro: 'Ananías, ¿por qué llenó Satanás tu corazón para que mintieses al Espíritu Santo, y sustrajeses del precio de la heredad?'".

En mi opinión, le haría mucho bien a cada cristiano hacer un estudio completo y bien informado acerca de nuestro enemigo el diablo y cómo obra. No tenemos que tenerle miedo nunca, porque Dios nos ha dado poder y autoridad para lidiar con él, pero no podemos ignorar sus maquinaciones. Pablo les escribió a los corintios y los instruyó a perdonar para que Satanás no tomara ventaja sobre ellos, y siguió al decir que no ignoraran sus maquinaciones (vea 2 Corintios 2:10-11). Quería que estuvieran informados acerca de cómo Satanás operaba y qué hacer para evitar ser engañados por él.

Llevaba muchos años de cristiana antes de que se me enseñara algo sobre el diablo o el hecho de que él ataca a las personas en sus pensamientos. Cuando comencé a aprender, el conocimiento no me asustó; me empoderó a reconocer de dónde provenían mis pensamientos y si debía aceptarlos o rechazarlos.

Un día, estuve hablando con un joven que es un miembro activo en una denominación grande y muy conocida. Hablábamos muchas cosas acerca de la Palabra de Dios y las misiones, y disfrutamos de la conversación. Pero cuando mencioné algo acerca de cómo el diablo intenta prevenirnos que hagamos algo en el campo misionero, el joven guardó un silencio total, y pude percibir que hablar del diablo lo había incomodado. No pude evitar pensar cuánto sumaría a su vida y caminar con Dios si él supiera verdaderamente quién es su enemigo y cómo resistirle.

Algunos predicadores y maestros de la Biblia no dicen nada o muy poco acerca de cosas como el diablo, los demonios y la guerra espiritual. A menudo dicen: "Preferiría predicar acerca de la luz que de la oscuridad". En realidad, estoy de acuerdo que normalmente es el mejor plan, pero como maestros de la Palabra de Dios, somos responsables de producir creyentes que son bien informados que sepan cómo reconocer cuando el diablo está obrando, y cómo resistirlo.

¿De qué ha estado pensando?

En vez de ser gente "irreflexiva", podemos entrenarnos a nosotros mismos a pensar acerca de lo que estamos pensando.

> *Podemos entrenarnos a nosotros mismos a pensar acerca de lo que estamos pensando.*

Si su estado de ánimo comienza a sucumbir, o una actitud no le agrada a Dios, haga un inventario de sus pensamientos actuales y seguramente encontrará al culpable. Disfruto saber que puedo hacer algo acerca de mis problemas, y espero que usted también. Me es muy emocionante darme cuenta que no tengo que sentarme pasivamente y permitir que el diablo me llene la mente con pensamientos venenosos y destructivos, pero puedo aprender a reconocerlos, y por un hecho sencillo de mi voluntad, puedo pensar en algo más que sería beneficioso.

Esta mañana pasé un tiempo revisando mi calendario para las próximas tres semanas. Vi todos los comentarios que tuve, y las compartí con Dave. Poco tiempo después, me sentí presionada y levemente irritada. Cuando me detuve para pensar en lo que estaba pensando, me di cuenta que estaba viendo todo lo que tenía que hacer como un bulto enorme en vez de creerle a Dios para darme su fuerza y capacidad un día a la vez. Dios nos da gracia (su poder y capacidad) diariamente para realizar las cosas que tenemos que hacer si le creemos, pero no nos da gracia para depositarla en el banco, por decirlo así. Cuando nos preocupamos por las cosas que aún no han pasado, estamos por cuenta nuestra. Dios no nos ayuda con aquellas cosas, porque su voluntad es que vivamos a plenitud y disfrutemos del hoy, mientras le creemos a Él completamente por el futuro.

Preocuparse, preguntarse y divagar

Cuando nos preocupamos, dejamos que nuestras mentes divaguen por ahí desde el pasado al presente al futuro, y nos preguntamos o razonamos acerca de qué nos ha de suceder, y perdemos nuestra paz. La intención de Dios es que mantengamos nuestras mentes en lo que estamos haciendo actualmente. No quiero decir que nunca tomemos el tiempo para aprender de pasado o hacer planes para el futuro. Pero cuando lo hacemos, debería ser algo que hagamos intencionalmente, y no como resultado de una mente salvaje que nunca se enfoca en nada. Todos estos tipos de pensamientos nos presionarán, porque no son la voluntad de Dios. El profeta Isaías dijo que Dios guardará en perfecta paz cuando nuestras mentes estén fijadas en Él.

> *Tú guardarás en completa paz a aquel cuyo pensamiento en ti persevera; porque en ti ha confiado.*
>
> Isaías 26:3

El escritor de los Proverbios afirmó que el hombre de bien estará contento de sus caminos (vea Proverbios 14:14).

¿Quiere usted ser lleno de paz, guardado por Dios y estar satisfecho? Entonces tiene que darse cuenta que eso comienza con los pensamientos que escoge. Su mente está conectada a cada sentimiento que tiene y cada acción que toma.

Si usted mismo se entrega a la preocupación y el razonamiento, sus pensamientos puede que suenen así: *¿Cómo puedo yo hacer todo lo que tengo que hacer? ¡Mi vida es imposible! Esto es más de lo que pueda soportar.* En vez de preocuparse por el futuro, puede pensar cosas como: *Dios me ama, y Él se encargará de todo en mi futuro. Me dará la fuerza y capacidad de hacer cada cosa que necesito cuando surja.* No estoy meramente haciéndole sugerencias a seguir, pero en realidad yo hago lo que le estoy aconsejando hacer.

En este momento preciso de mi vida, estoy lidiando con un asunto físico que no es serio, pero es molestoso. Luego de seis semanas de varios doctores y medicamentos, aún no se ha ido del todo. Mis pensamientos quieren vagar, y cuando se lo permito, así es como suenan: *¿Y si esto nunca se va? Esto me está presionando y dificultándome todo lo demás. No sé qué haré. Estoy frustrada.* Sin embargo, cuando escojo mis pensamientos conforme a las promesas de Dios, así es como suenan: *Esto es incómodo, pero hay millones de personas ahora mismo con situaciones peores que esta. Esto pasará. Dios me proveerá una contestación. Mi asunto de salud no se ha ido del todo, pero estoy mucho mejor que hace dos semanas. Creo que el poder sanador de Dios está obrando en mí ahora, y estoy mejorando cada momento más.*

Los pensamientos "irreflexivos" nunca van en una dirección que nos ayudarán. Son inútiles en el mejor de los casos y atormentadores en el peor. Cuando comienza a hacer un esfuerzo de pensar por sí mismo, puede que usted sienta que nunca lo logrará. Puede asemejarse a un animal salvaje. Tomará tiempo, paciencia y ayuda de Dios, la cual recibe por pedírselo y confiar en Él en todo tiempo. Aprender a escoger sus propios pensamientos también requiere la sabiduría de no condenarse a sí mismo cuando no tiene éxito. La culpa y la condenación le roban la energía y no logran nada. Lo mantienen dando vuelta a la misma montaña, por decir. Sin embargo, la persona que es determinada y paciente heredará las promesas de Dios.

Porque os es necesaria la paciencia, para que habiendo hecho la voluntad de Dios, obtengáis la promesa.

Hebreos 10:36

Sea considerado

Como nuestros pensamientos afectan la manera en que nos relacionamos con la gente y el mundo alrededor nuestro, es da gran ayuda aprender a "ser considerado". Tome el tiempo para planificar su día antes de comenzarlo. Claro que no sabemos qué nos traerá cada día, pero espero que todos tengamos algún tipo de plan. Ser intencionalmente pensativo acerca de su día es muy distinto a preocuparse por él. Uso mi día de hoy como un ejemplo. Planifico escribir hasta la una de la tarde (13 horas). Durante ese tiempo, necesito silencio así que intencionalmente no me involucraré en otras cosas. A la una de la tarde, me vestiré, me peinaré y me maquillaré e iré a una cita que tengo.

Sigo mi propio consejo para hacer ciertas cosas que me agradan en medio del trabajo. Planifico ser amable con la gente y elogiar a la gente con quien entro en contacto. Cualquier momento que estemos en público, deberíamos verlo como una oportunidad de representar a Jesús a los demás. Es sabio ser considerado, porque todos los que conocemos seguramente están liberando algún tipo de batalla. Sonríales a todos, porque es una señal de aceptación, y recuerde que la sonrisa es la prenda más hermosa que puede llevar.

Cuando salga hoy, en vez de estar meramente consciente sólo de mí misma, planifico estar consciente de los demás y sus necesidades. Después de mi cita, tengo una reunión con Dave, y le preguntaré acerca de su día y escucharé pacientemente mientras me hable acerca de su *swing* de golf y lo nuevo que haya aprendido seguramente será "la clave" que le contestará todo lo que lleva años buscando (lleva cuarenta años buscando y cada dos o tres veces al mes tiene algo nuevo). Vamos a encontrarnos con dos parejas más para cenar. Esta es también una oportunidad de bendecirlos. Quiero ser considerada y estar interesada en lo que están haciendo en su ministerio en vez de tomar toda la noche hablando acerca de mí y lo que estoy haciendo yo. Cuando estoy con la gente, planifico hacerla sentirse importante, y una de las maneras que puedo hacerlo es mostrar un interés genuino en ellos. Esta mañana, me encontraba pensando que dividiríamos la cuenta. Pero luego decidí pensar por mí misma, y pensé acerca de la Escritura que dice que es mejor dar que recibir, así que decidimos pagar por la cena, porque es otra manera que podemos ser considerados con los demás.

Pensar sobre las partes de mi día de las cuales tengo conocimiento me ayuda a comportarme de una manera que le agrada a Dios en vez de simplemente reaccionar a las cosas en el hábito de no pensar las cosas. Hoy sucederán cosas que no estoy planificando, pero tengo la intención de responder de manera tranquila ante aquellos asuntos que no he planificado. Espero que pueda ver que ser considerado acerca de las personas y los eventos le ayudará de muchas maneras.

Todos queremos amigos que sean considerados, y la mejor manera de tenerlos es ser con otros como queremos que sean con nosotros. Tengo algunos amigos que puedo decir con toda honestidad que son personas muy consideradas, y otros que no lo son. Podemos ser más considerados al observar a las personas que lo son.

Esta mañana recibí un vídeo corto de tres minutos vía correo electrónico de una pareja que apoyamos financieramente que tiene un ministerio maravilloso en Rusia. Nos dijeron que oran por nosotros aun antes de bajarse de la cama por la mañana, y hablaron repetidamente sobre cómo aprecian nuestra asociación con ellos. Fui animada, por decir lo menos. El hombre dijo que aunque ora por nosotros cada mañana, esta mañana al orar, tuvo la idea de ir a su estudio de grabación y hacer el vídeo. ¡Qué considerado! Tuvo que salir de la casa y viajar a su estudio para poder grabar un vídeo de tres minutos tan sólo para animarme. Creo que Dios nos da buenas ideas a todos de manera que podemos bendecir a los demás, pero puede que no sostengamos el pensamiento lo suficiente como para actuar.

Cuando las cosas buenas le llegan a la mente, guárdelas y pregúntele a Dios si debe actuar al respecto. Cuando las cosas malas le llegan a la mente, rechácelas tan rápido las reconozca, porque no podrán ayudarle ni a usted ni a los demás. Cuando tiene un pensamiento acerca de ser una bendición a los demás, y ese pensamiento bueno es seguido inmediatamente de un pensamiento malo, desalentándole de no hacer lo bueno, dese cuenta que aquel segundo pensamiento es producto del diablo que intenta detenerlo. Comprometámonos a escoger el bien y resistir al diablo continuamente, tal como Dios nos instruye en su Palabra (vea Deuteronomio 30:19).

¡La mejor manera de resistir las acciones irreflexivas que siempre nos lastiman a nosotros o a los demás es llenar nuestro día siendo considerado a propósito! Mark Twain dijo supuestamente: "La amabilidad es el lenguaje que los sordos pueden oír y los ciegos pueden ver".[1]

Le exhorto a comenzar "Operación amable", y hacer cosas como permitirle a alguien se le adelante en la fila del supermercado, decir "por favor" y "gracias" todo el día, diciéndole a la gente que usted la aprecia, limpiar detrás de usted en vez de dejar un reguero para alguien más, y ser más amable de lo que siente ser.

¡Piénselo!

- Nuestras vidas serían mucho mejor si formáramos el hábito de pensar antes de hablar o actuar.
- La Escritura nos dice que nuestra mente es un campo de batalla donde se está librando una guerra.
- En vez de estar "irreflexivo", usted puede entrenarse a pensar en lo que está pensando.
- Sea intencional en su manera de pensar: tome el tiempo de planificar su día antes de comenzarlo.

CAPÍTULO 10

El poder de la perspectiva

No pienso en toda la miseria, sino en la belleza que aún permanece.

Anne Frank

Libros se han escrito y películas se han producido acerca de Anne Frank. Estas palabras siempre resaltan cuán grande era su perspectiva en medio de las atrocidades del Holocausto. Esto no sucedió porque ella era pesimista ni estuviera enfocada en todo lo que estaba mal en su vida, sino porque tenía una capacidad rara de ver la belleza en medio de eventos horripilantes. Creo que la mayoría de las personas que leen su historia dirían: "Quisiera ser así". No seremos así con sólo desearlo, sino que es decidir a propósito cómo veremos la vida.

Cada uno de nosotros tiene una perspectiva de la vida. Vemos las cosas y pensamos acerca de cosas de una manera específica. Algunos son muy rápidos para ver los problemas y magnificarlos, mientras que otros han tomado una decisión de minimizar el impacto de dificultad al buscar la belleza, lo bueno en la vida y en las personas. De una escala del uno al diez, ¿dónde se colocaría en cuanto a su manera de pensar? Diez sería perfecto, y uno sería ligeramente mejor que un cero. Creo que yo estaría cerca de un siete, y algunos días un ocho. Todavía me falta crecer más, pero si mantengo una perspectiva buena, puedo ser feliz debido al hecho que ya no estoy en un uno en la escala como lo estaba antes. Muchos años han pasado desde que Dios comenzó a enseñarme el poder de los pensamientos y cómo pensar a propósito en vez de manera pasiva. Y me siento feliz de tener la experiencia que ahora tengo para que pueda compartir apasionadamente con usted lo que he aprendido acerca de la conexión de la mente.

¿Nacida afortunada?

¿Fue Anne Frank sólo una niña optimista que simplemente nació con una gran visión de la vida? Puede que haya tenido algunos "genes felices" que no todos tenemos, pero todavía tuvo que escoger y tomar decisiones acerca de cómo iba pensar y lo que iba a decir. Demasiadas personas esperan pasivamente para que algo bueno les llegue, cuando deberían escoger agresivamente hacer lo que es correcto, incluyendo pensar correctamente.

Hay una fábula que se cuenta acerca de un padre de una familia pudiente que llevó su hijo al campo para poderle mostrar cómo viven los pobres. El padre y el hijo pasaron varios días en una finca con una familia que la mayoría considerarían extremadamente pobre.

Después del viaje, cuando el padre le preguntó al hijo qué había observado, él respondió: "¡Vi cuán bendecida es esa familia! Nosotros tenemos una piscina en nuestro jardín, pero ellos tienen un arroyo que no tiene fin. Tenemos linternas importadas, y ellos tienen las estrellas de la noche. Compramos nuestra comida, pero ellos cultivan la suya". El papá se quedó sin palabras mientras su hijo comentaba: "Gracias, papá, por enseñarme lo pobre que somos".[1]

La perspectiva es algo maravilloso. El padre de esta historia vio sólo lo que a los pobres les hacía falta, mas el hijo vio lo que sí tenían. El niño, al verlo a través de un lente distinto, claramente sintió al final que su familia era más pobre que las personas de las cuales fueron a aprender.

El joven en esta historia fue asegurado de tener una vida

maravillosa que no se basaba en las circunstancias. Cualquiera que aprende de la vida como lo hizo él, que puede ver lo bueno en todo, no puede ser vencido por las circunstancias.

En nuestra cultura estadounidense hoy, quisiera saber cuántas millones de veces alguien piensa: *¡El mundo está hecho un desastre!* Lo oigo a cada rato y seguramente usted también. Bajan la cabeza un poco, luego niegan con la cabeza en consternación, y dicen con una voz de enojo o depresión: "¡El mundo está hecho un desastre!". Oírlo nunca me hace sentir mejor, ¿y a usted? Para ser honesta, me cansa la misma actitud vieja y el panorama sombrío. Puede que esté pensando: *Bueno, Joyce, ¡el mundo está hecho un desastre!* Aunque sí es verdad que tenemos problemas, no puedo darme por vencida al creer que las cosas buenas también están pasando, y personalmente quisiera escuchar más sobre ellas.

El pecado abunda en estos días, y dado el caso, las circunstancias nunca son buenas. Sin embargo, hablar de manera incesante sobre los problemas en el mundo de hoy no hará que se desaparezcan. No estoy diciendo que debemos ignorar la violencia y quedarnos de brazos cruzados sin hacer nada más que cantar felizmente y sonreírnos. Tenemos que orar, tenemos que estar informados, y tenemos que tomar acción que sea inspirada por Dios para ver las cosas mejorar. Pero no tenemos que repetir una y otra vez cuán malas están las cosas y comportarnos como si Dios fuera incapaz de cambiar las cosas.

Cuando las circunstancias están malas en cualquier sociedad o en la vida personal de alguien, enfocarse en ellos y decirles cosas negativas acerca de situaciones que ya son negativas no aumenta nuestro gozo personal ni el de nadie más. La gente necesita esperanza, y podemos tomar la decisión de estar comprometidos con dársela. La próxima vez que alguien le diga cuán malas están las cosas

> *La gente necesita esperanza, y podemos tomar la decisión de estar comprometidos con dársela.*

en el mundo, dígale algo así: "Sí, las cosas están malas, pero sí creo que Dios tiene un plan para su pueblo". Cualquiera que le haya dicho esto responde: "Sí, usted tiene la razón". Simplemente hay que recordarles algo que se empujó a la parte posterior de su mente por causa de las cantidades masivas de información negativa que les llega.

Póngase los espejuelos de Dios

Jesús nos enseña por palabra y ejemplo de ser positivo acerca de los problemas de la vida, al igual que los apóstoles. Jesús dijo que en el mundo tendríamos tribulación, pero que deberíamos alegrarnos porque Él ha vencido al mundo (vea Juan 16:33). ¡Asombroso! Recuérdese de esto cuando la vida parece triste. Cuando los discípulos estuvieron en una tormenta severa y Jesús estuvo dormido en la popa, ellos se asustaron grandemente y sólo estuvieron enfocados en la tormenta. Pero Jesús les reprendió por su falta de fe, y les preguntó por qué se molestaban si Él estaba con ellos (vea Marcos 4:36-40). Jesús quería que ellos lo vieran a Él mucho más grande que la tormenta.

Aparentemente Anne Frank vio a Dios cuando otros sólo vieron la persecución. Tuvo que haber estado mirando a través de los espejuelos de Dios. El Señor ve las cosas distintas a cómo nosotros a menudo las vemos. Vemos problemas, pero Él ve posibilidades. Nosotros vemos desorden, pero Él ve milagros. Vemos finales, pero Él ve nuevos comienzos. Vemos dolor y presión, pero Él ve crecimiento espiritual. Puede que piense: *¿No le importan a Dios todos los problemas horripilantes en el mundo?* Sí, ciertamente, y permítame asegurarle que Dios tiene un plan bueno no sólo para la sociedad en general, sino también para cada uno de manera individual. Sosténgase de aquella verdad bíblica, y no permita que nada que suceda en el mundo se la arrebate.

Estoy estudiando el libro de Éxodo, y me di cuenta que cuando todas las plagas terribles que fueron desatadas sobre

Egipto debido a la desobediencia de Faraón, el pueblo de Dios se mantuvo a salvo. Éxodo dice que cuando Dios envió algo llamado "tábanos chupasangre" (y me alegra que esos no existan hoy día, a menos que los hayan renombrado "mosquitos"), Él apartó la tierra de Gosén para los israelitas, donde no llegaron los tábanos (vea Éxodo 8:21-22). No importa con cuántos tábanos chupasangres se encuentre todos los días, ¡no tienen que ser un problema para usted!

Y cuando mataron todo el ganado, Dios hizo una distinción entre el ganado de Israel y el ganado de Egipto. Luego declaró que ninguna pertenencia de los israelitas perecería (vea Éxodo 9:4). Cuando Egipto se vino abajo con granizo pesado, sólo en la tierra de Gosén, donde estaban los israelitas, no hubo granizo (Éxodo 9:26).

Y cuando la oscuridad arropó la tierra de Egipto que la gente no podía ver lo suficiente para poderse bajar de la cama, todos los israelitas tuvieron luz natural (vea Éxodo 10:23).

Me doy cuenta que la gente al leer esto, u otras personas que puede que conozca, ha sufrido pérdida de propiedad debido a inundaciones, huracanes o incendios y sería fácil decir: "Espere un segundo, Dios no los cuidó a ellos". Mi punto es que aunque hasta Anne Frank y muchos semejantes a ella a través de la historia soportaron mucho sufrimiento, su perspectiva les permitió tener gozo en medio de la agonía. Nuestras actitudes pueden hacer que sea más difícil o más fácil de lidiar con nuestros problemas; depende de nosotros.

> *Nuestras actitudes pueden hacer que sea más difícil o más fácil de lidiar con nuestros problemas; depende de nosotros.*

Esto lo he visto muy de cerca. Nuestro ministerio se ha involucrado fuertemente con alivio de desastres, y he visto individuos que se amargan culpando a Dios, pero he visto a otros que siempre encuentran algo de lo cual Dios los libró o está haciendo por ellos. Ni tengo que decirle cuál de los dos eran más felices.

Pienso que Anne Frank escogió por sí misma. No pudo hacer nada respecto a su situación, pero pudo controlar su actitud y al hacerlo, se convirtió en alguien a quien Dios podía usar para ser un ejemplo al mundo. Sólo piénselo: aunque hayan pasado unos setenta años desde que falleció, Anne Frank es bien conocida hasta hoy. No he leído un libro acerca de alguien de esa época proclamando su actitud negativa, desesperanzada y amargada, ¿no es cierto?

Encuentro estas cosas muy alentadoras, y me da esperanza con respecto a lo que veo suceder en el mundo de hoy. Permítame decir firmemente que *Dios tiene un plan para su pueblo*, y debemos pensar, hablar y comportarnos como si creyéramos como cree Él. ¡Aprendamos a mirar a través de los espejuelos que mira Dios! ¡Aprendamos a tener su expectativa!

El efecto a largo plazo de la perspectiva

Como nuestra perspectiva involucra nuestros procesos de pensamiento, debemos ser sabios en darnos cuenta que también afecta nuestros estados de ánimo. Si estoy de mal humor, tal vez necesite un ajuste de perspectiva. Quizás estoy viendo demasiado lo que me falta y no lo suficientemente lo que sí tengo. O tal vez estoy viendo lo que la gente no hace por mí, en vez de lo que sí hace por mí. Nuestra perspectiva en cualquier cosa, especialmente en los eventos o personas que no son de nuestro agrado, tiene un efecto a largo plazo. Como vemos los eventos que sucedieron tan lejanos como en nuestra niñez, así pueden estarnos afectando aún de una manera negativa.

Cuando aprendí a pensar del abuso en mi niñez como algo que fue desafortunado, pero algo que podía ser usado por Dios para el bien, el dolor comenzó a menguar y comencé a sanar emocionalmente. Mientras resentía profundamente a mi padre por haberme abusado sexualmente y a mi madre por no haberme protegido, tuve una herida en mi alma que no podía ser sanada. Pero cuando decidí entender cómo mi padre fue criado, y el temor de mi mamá, su debilidad de carácter, realmente comencé a sentir más pena por ellos que por mí misma.

Si está lidiando con un corazón roto o un alma herida, intente pedirle a Dios que le ayude a hacer la conexión entre su perspectiva y sus sentimientos actuales. Si está dispuesto a cambiar su manera de ver la situación (y no es siempre fácil), comenzará a progresar hacia la integridad en vez de permanecer quebrantado. La vida nos quebranta a todos de una forma u otra, y depende de nosotros si nos mantenemos quebrantados y amargados, o le permitimos a Dios hacernos mejores y más poderosos.

> *Si está dispuesto a cambiar su manera de ver la situación (y no es siempre fácil), comenzará a progresar hacia la integridad en vez de permanecer quebrantado.*

Permítame tomar un momento para decir que entiendo completamente que es más fácil para mí escribir acerca de ver las cosas dolorosas de una manera positiva que lo que resulta hacerlo. Sin embargo, es posible y es, de hecho, la única opción que tenemos, a menos que queramos permanecer miserables. Aunque abrir heridas viejas con el propósito de limpiarlas es doloroso, es más doloroso permanecer herido y quebrantado por toda nuestra vida. No podemos hacer nada acerca de nuestro pasado, pero podemos hacer algo con nuestro futuro. Le exhorto a no permanecer estancado en un lugar doloroso cuando Dios le ofrece sanidad. Nunca es demasiado tarde para un nuevo comienzo.

Perspectiva y poder

Yo creo que Anne Frank fue empoderada por su perspectiva acerca de sus circunstancias. La habilitó para permanecer esperanzada, lo cual es vital en tiempos difíciles. La Palabra de Dios dice que "la esperanza que se demora es tormento del corazón" (Proverbios 13:12). Cuando estamos desesperanzados, todo lo demás nos enferma. Donde no hay esperanza, se acomoda el letargo y comenzamos a experimentar atrofia. Mientras más tiempo estamos desesperanzados, más negativos nos volvemos. Todavía me resulta asombroso que tenemos el poder de cambiar todo lo negativo que sentimos y podemos pasárselo a los demás de manera involuntaria simplemente escogiendo ver las cosas como las ve Dios. No debemos negar nuestras circunstancias, pero tampoco debemos darle el control de nuestras actitudes y comportamiento. Dios nos ha dado a cada uno poder para vivir por encima de las circunstancias, pero sólo si escogemos tener una perspectiva esperanzada y positiva.

Si decidimos ver las cosas que son consideradas como problemas de una manera positiva, puedo asegurarle que alguien le dirá inmediatamente que usted no es realista. Pero lo bueno de la fe es que lo mantiene gozoso y energizado mientras le crea a Dios para cambiar la realidad actual. Hasta puede que alguien diga: "No sea tan infantil", pero es justo lo que Dios nos dice que tenemos que ser si nuestra intención es disfrutar de la vida que Él ofrece. En el caso de Anne Frank, su actitud increíblemente buena nunca la libró de sus circunstancias; de hecho, ella y su familia fueron descubiertas en su escondite, y fueron llevadas al campo de concentración donde eventualmente ella murió de tifus, tal como muchos niños más.

Puede que usted diga: "¿De qué le sirvió su perspectiva positiva?". Estoy segura que ella era mucho más feliz que la mayoría de los que estuvieron a su alrededor. Ella guardó un diario de sus días hasta donde le fue posible, y cuando se descubrió luego de la guerra, fue traducido eventualmente a más de setenta idiomas, y es ahora uno de los recuentos más leído del Holocausto. Sé que su actitud ha inspirado a millones de personas y les ha ayudado a lograrlo en medio de sus dificultades. Eso de por sí es algo bueno, y siempre podemos encontrar algo bueno si tan sólo tomamos el tiempo de buscar.

El apóstol Pablo sufrió grandemente. Fue azotado en varias ocasiones y encarcelado unas cuantas veces por ningún crimen, aparte de creer en Cristo Jesús y exhortar a los demás a que hicieran lo mismo. Hay varios versículos de la escritura en Corintios 4 que quisiera citar y comentar al respecto.

> ...que estamos atribulados en todo, mas no angustiados; en apuros, mas no desesperados; perseguidos, mas no desamparados; derribados, pero no destruidos.
>
> 2 Corintios 4:8-9

No suena como si las circunstancias de Pablo pudieron haber sido peores, pero aun así en medio de ellas, vemos un rayo de esperanza y una actitud que se negaba a darse por vencida y ceder a una manera de pensar negativa. Cualquiera que se niegue a darse por vencido sin importar cuán difícil puede ser la vida es una persona mejor y más poderosa que alguien que no tiene retos.

A menudo digo que he tenido dos tipos de fe en mi vida, y creo que las necesitamos a ambas. Una es el tipo de fe que pide y recibe una contestación agradable inmediata. Dios la entrega rápida y milagrosamente, y nos emocionamos grandemente. El segundo tipo de fe es uno que no recibe la contestación que había esperado, pero de todas formas cree que Dios es bueno y que está obrando en maneras que aún no pueden ser vistas. Aunque no tan emocionalmente fascinante, es mi opinión personal que el segundo tipo de fe es la fe mayor. No podemos escoger de qué manera obrará Dios. A veces nos libra de algo difícil, y en otros momentos, nos da la gracia para soportarlo con una buena actitud. Por lo que Dios nos permita atravesar o no es solamente decisión suya y sólo suya, porque Él conoce y entiende las cosas que nosotros no entendemos.

Vivimos la vida yendo hacia adelante, pero sólo la podemos entender al revés. Cuando pasamos por algo, puede que no le veamos sentido alguno. El dolor que sentimos nos impide entender, pero luego, podemos mirar nuevamente a los eventos dolorosos y entender claramente que la decisión de Dios era mejor para nosotros que lo que hubiéramos escogido. También existe la posibilidad que nunca entenderemos, pero aun en ese momento el corazón de la fe se dobla en adoración, sabiendo que la confianza requiere que a veces puede que tengamos algunas preguntas que no serán contestadas.

> *Por tanto, no desmayamos; antes aunque este nuestro hombre exterior se va desgastando, el interior no obstante se renueva de día en día. Porque esta leve tribulación momentánea produce en nosotros un cada vez más excelente y eterno peso de gloria.*
>
> 2 Corintios 4:16-17

Si fuera yo a decir lo que Pablo decía, tal vez suene así:

> No permitiré que el temor de lo que pueda suceder me haga rendirme. Puedo ver que mis circunstancias no son las mejores y están tomando repercusión sobre mi cuerpo, pero algo maravilloso se está llevando a cabo dentro de mí. En las cámaras privadas de mi alma, me siento fuerte, como si estuviera creciendo espiritualmente. Creo que me estoy convirtiendo en mejor persona.
>
> Lo que está sucediendo ahora no durará para siempre. También esto pasará, y dejará un depósito de algo glorioso, algo que jamás hubiera podido planificar o hasta imaginar.

Si le ayuda, por qué no copiar esta traducción que le he ofrecido y ponerla en algún lugar donde lo pueda leer fácilmente en cualquier momento que necesite un ajuste de perspectiva. Puede que le ayude a enfocar nuevamente su lente de vida y verla como la veía Pablo.

Para ponerle el toque final a la perspectiva de Pablo, él dice esto:

> *...no mirando nosotros las cosas que se ven, sino las que no se ven; pues las cosas que se ven son temporales, pero las que no se ven son eternas.*

2 Corintios 4:18

Cuando lo que veo me desanima, a menudo voy a estas Escrituras y recuerdo que hay cosas que no podré ver con mis ojos naturales. Son cosas mucho mejores de lo que pueda ver. La decisión es nuestra: podemos escoger creer las promesas de Dios y esperar que algo bueno suceda, o no creer; pero recomiendo encarecidamente creer. ¡Siempre ha probado ser la mejor manera de vivir!

¡Piénselo!

- Usted puede ser rápido para ver todos los problemas y magnificarlos, o puede tomar una decisión de minimizar el impacto de dificultad al buscar la belleza, lo bueno en la vida, y lo bueno en la gente.
- Jesús es superior a cualquier tormenta que pueda usted enfrentar.
- Su actitud puede hacer un problema más difícil o más fácil: la decisión depende de usted.
- La mejor manera de cambiar su estado de ánimo es cambiar de perspectiva.
- La confianza requiere que tal vez siempre haya algunas preguntas que no sean contestadas.

CAPÍTULO 11

¿Qué opina acerca de esa persona?

No juzguéis según las apariencias, sino juzgad con justo juicio.

Juan 7:24

Pasamos más tiempo enfocados en lo que las personas pueden estar pensando acerca de nosotros que en darnos cuenta qué estamos pensando nosotros acerca de ellas. Este es un estado de pensamiento que es tan importante, pero muy a menudo pasado por alto.

¿Ha conocido a alguien que de inmediato le cayó mal? A todos nos ha pasado, pero honestamente, ¿cómo nos puede caer mal si apenas lo conocemos, o tal vez no lo conocemos en absoluto? Es porque hemos permitido que una actitud o mentalidad afecte nuestros sentimientos y opiniones sin tan siquiera examinar de dónde proviene ese pensamiento o por qué lo tenemos. Una mujer insegura puede conocer a una mujer muy bella y sentir un disgusto por ella, sencillamente porque se siente amenazada por su belleza. Es importante que lleguemos a la raíz del problema, porque la Palabra de Dios nos enseña a no juzgar según las apariencias, o de manera superficial.

Será muy fácil para mí escribir acerca de esto, porque es un problema que tuve en mi vida. Yo tomaba decisiones muy rápidamente, y eso puede ser un problema cuando se trata de las relaciones. Pasé muchos años si tan siquiera examinar por qué no me caía bien la gente; simplemente era así y punto. Lo triste es que usualmente sienten nuestro disgusto o rechazo. Si no lo revelamos en lo que decimos, lo hacemos con tonos de voz, expresiones faciales y lenguaje corporal. Iré más lejos aún para decir que creo que las personas pueden sentir el impacto de nuestros pensamientos aunque no sepan exactamente qué estamos pensando.

Frecuentemente cuento la historia de una mujer que me escribió, diciéndome cómo tenía una planta en su casa que no era muy atractiva y cada vez que pasaba al lado de ella, pensaba: *A la verdad que esta planta es fea.* Cada día que pasaba se veía peor y peor, hasta que eventualmente se murió. Después de oír mi enseñanza sobre el poder de los pensamientos, se acordó de aquella planta y pensó que tal vez eso haya tenido una influencia sobre ella de alguna manera.

Algunas personas dicen que no hay investigación científica que respalde tal idea, pero muchos otros que pasan tiempo en sus jardines les hablan a sus plantas. El príncipe Carlos de Inglaterra dijo en 1986 que iba a su jardín cada día y les hablaba a sus plantas. Obviamente tuvo a muchas personas con quienes hablar, así que seguramente no lo hacía porque se sentía solo. Él dijo que si usted le habla a sus plantas ellas responderán, y es importante que les hable. La teoría de hablarles a las plantas para volverlas más saludables se remonta a 1848. Libros se han escrito sobre el tema, y un álbum de música de grabó para las plantas, basado en el pensamiento de que la música les ayudaría a crecer y estar saludables.[1]

Mientras la mujer que me envió la carta consideraba cómo sus pensamientos negativos acerca de su planta la influenció, se dio cuenta que tenía regularmente pensamientos negativos acerca de su suegra, quien raras veces la llamaba, y cuando la llamaba, no le hablaba a su suegra amablemente aun cuando ella lo hacía. Decidió hacer un experimento, así que ella comenzó a tener pensamientos amables a propósito acerca de su suegra. A los pocos días, recibió una llamada de parte de ella, y se dispuso a ser más amigable que lo normal y comenzó a hacerle cumplidos en el transcurso del tiempo. El final de la historia es que ¡se convirtieron en muy buenas amigas!

Hace muchos años, yo estaba con una de mis hijas, que era adolescente en ese tiempo. Su cabello se veía bastante extraño aquel día (en mi opinión), y tenía acné en su rostro que había intentado esconder con demasiado maquillaje. El maquillaje excesivo sólo llamaba la atención hacia el problema que ella intentaba esconder. Mientras pasamos el día juntas, tengo que admitir que cada vez que la miraba pensaba: *A la verdad que no te ves para nada bien hoy; tu cabello está hecho un desastre y tienes demasiado maquillaje puesto.* Al pasar el día, me di cuenta que parecía que se deprimía. Le pregunté qué le pasaba y dijo: "¡Simplemente me siento fea hoy!". Sólo le tomó a Dios un milisegundo para decirme que era culpa mía. ¡Ay! Pero Él tenía la razón, como la tiene siempre, y fue una lección que jamás olvidaré acerca del poder de los pensamientos.

No estoy diciendo que la gente puede leernos la mente, pero sí pienso que de alguna manera nuestros pensamientos, sean buenos o malos, tienen un impacto sobre los que están alrededor nuestro. Ciertamente se reflejan en nuestro rostro, en nuestro lenguaje corporal, y en nuestro comportamiento hacia las personas. Sea más cuidadoso en cuanto a los pensamientos que tiene acerca de la gente cuando esté con ella o cuando no lo esté. ¿Por qué?

Los pensamientos preparan a uno para la acción.

Porque los pensamientos preparan a uno para la acción. ¡A dónde va la mente, el hombre seguirá! Es imposible para mí tener pensamientos malos acerca de alguien cuando no estoy con él, y luego ser amable y amigable con él cuando lo vea. Puedo fingirlo, pero cualquier persona astuta se daría cuenta que algo no está bien aunque no supiera qué es.

Dele una oportunidad a la gente

Si tomamos el tiempo para conocer a la gente de manera más íntima, puede que nos caiga mejor. Hay muchas razones por las cuales decidimos demasiado rápido que alguien no nos cae bien, pero ninguna es válida. Tal vez tiene un tipo de personalidad que nos recuerda a alguien que nos hirió en el pasado. Puede que tomemos decisiones acerca de él basadas en su apariencia, su peinado, o el automóvil que manejan o cómo se visten. Me tomó unos cuantos años para darme cuenta que yo rechazaba la gente que me recordaba a mi padre. Él era un hombre rudo, negativo y generalmente antipático, así que preferí la gente que no tuviera ninguna de esas características, aunque yo misma era así. Si Dave no me hubiera visto más allá de mi exterior, nunca hubiéramos tenido tan siquiera una primera cita.

La primera vez que Dave me vio, estaba lavándole el auto a mi madre frente a nuestra casa, y estaba recogiendo a un vecino para llevarlo a alguna parte. Decidió coquetearme y dijo: "Oye, cuando termines de lavar el auto, ¿te gustaría lavar el mío?". Respondí con firmeza, y con un tono de voz escueto: "Si quieres tu auto lavado, ¡lávalo tú!". Sin embargo, mi exterior áspero no disuadió a Dave. A menudo ha compartido que le intrigaba, y decidió ahí mismo que yo era la chica para él. Lo único que puedo decir es que él definitivamente había dominado la habilidad de creer lo mejor de la gente. Poco después de aquel encuentro, me pidió salir con él, y luego de cinco citas, ¡me pidió que me casara con él (el hombre no perdía tiempo)! A menudo digo que Dios lo guió a casarse conmigo antes de que tuviera el tiempo para descubrir cuántos problemas yo tenía con los cuales tendría que ayudarme pacientemente a resolver en el transcurso de los próximos años. Hemos estado casados desde 1967, pero si él me hubiera juzgado superficialmente, o de vistazo, él se hubiera perdido una maravillosa oportunidad de servir a Dios juntos.

Quisiera saber cuántas mujeres se quieren casar, pero rechazan a un hombre tras otro porque esos hombres no encajan en la idea preconcebida de las mujeres de "el hombre perfecto". También quisiera saber cuántos hombres se quieren casar, pero rechazan a toda mujer de quien no se sienten atraídos de inmediato. Hay mucho más acerca de la gente de lo que el ojo pueda ver. Todos tienen una historia, y si tomáramos el tiempo para conocer a la gente mejor, la veríamos de una manera distinta a cómo la veríamos si no lo hiciéramos.

Digamos que Sonia llevaba tiempo orando que Dios la guiara al hombre con quién había de casarse. Tenía treinta y tantos años, se sentía sola, y anhelaba fervientemente un esposo. Un amigo le arregla una cita con Juan, pero de un sólo vistazo decidió terminantemente que él *no* era el hombre para ella. Era un trabajador que no tenía un título universitario, y además, no era más alto que ella y tenía diez libras de sobrepeso. ¡Él no era lo que ella tenía en mente!

Unas pocas semanas después, fue presentada a Jorge. Él era alto y guapo, se había graduado de una universidad prestigiosa, y estaba subiendo rápidamente la escalera del éxito como un corredor de inversiones. Dentro de unos pocos meses se casaron, pero dentro de un año se divorciaron. Sonia no sabía que Jorge tenía un temperamento violento, era manipulador y controlador, y tenía un vicio de juegos. Ella se impresionó tanto por sus cualidades superficiales que aunque ella se había dado cuenta de algunas fallas, puso excusas por todas ellas y dijo "sí, acepto" por todas las razones equivocadas.

Se le rompió el corazón a Sonia, se sentía como una fracasada, se sentía más sola que nunca y extremadamente desanimada. Un sábado por la mañana, estaba sentada sola en un café, viendo la lluvia caer, pero cuando alzó la mirada vio a Juan, el hombre que había rechazado rápidamente por causa de sus cualidades superficiales. Juan se detuvo para saludarla, y como era un hombre sensible y cariñoso, se dio cuenta rápidamente que Sonia estaba emocionalmente herida. Juan comenzó a llamarla para darle seguimiento y animarla. Le ofreció un oído atento, amabilidad y comprensión. Dentro de poco, Sonia se dio cuenta que él era un hombre íntegro y de buen carácter. Él manejaba el dinero sabiamente, y aunque aún no tenía los cuarenta años, tenía un auto nuevo y un hogar pequeño muy bonito, y libre de deudas. Sonia pronto se enamoró profundamente de Juan, y ninguna de las cosas que antes le habían molestado le preocupaban ahora en absoluto. Hubiera podido evitarse un divorcio, mucha agonía mental y emocional y un año de miseria, si hubiera tenido la sabiduría de conocer a la gente antes de aceptarla o rechazarla.

¿Habrá alguien que usted haya decidido que no le cae bien y ha dejado fuera de su vida sin verdaderamente tomar el tiempo de conocerlo? Estoy segura que la respuesta para la mayoría de nosotros es "sí". Muchas personas se quejan que no tienen amigos o que se sienten solas, pero quizás deciden demasiado rápido a quién deciden permitir entrar a sus vidas y a quién no.

Aquella persona en el trabajo que usted evita todo el tiempo, porque usted ya ha decidido que no le caen bien, puede estar dolido y en necesidad de su amistad o un oído atento. Puede que ella sea la amiga que usted viene pidiéndole a Dios, pero nunca lo sabrá si no les da una oportunidad.

Puedo pensar en una cantidad numerosas de personas que me han impresionado inicialmente, y ahora que me pregunto por qué, tengo que admitir que no tengo razón buena alguna. Uno es un hombre que veo con regularidad en un café que frecuento. Es un hombre mayor con el cabello blanco muy largo, y parece ser alguien singular. (Claro, asumo que en mi orgullo yo soy el estándar de la normalidad. ¡Ay!) Un día pensé: *¿Y si este hombre fuera un ángel?* Al fin y al cabo, la Biblia dice que a veces hemos hospedado a ángeles sin saberlo (vea Hebreos

13:2). Eso puede ser demasiado para algunos de ustedes, pero estoy dispuesta a tomarlo en consideración en mi pensamiento. Ahora que lo pienso, ¡su cabello blanco largo es algo angelical!

Jesús fue rechazado por muchas personas porque Él era un individuo singular. Es algo gracioso pensar que la mayoría de la gente religiosa de la época, los fariseos, ¡rechazaron al Hijo de Dios! Juan el bautista ciertamente era singular: vagaba por el desierto vestido como un hombre salvaje, comiendo langostas silvestres y miel, y predicando cosas que la gente no estaba acostumbrada a oír. Con toda honestidad, muchos de los siervos escogidos de Dios son personas que usted y yo nunca hubiéramos escogido para realizar la tarea que Dios les asignó. Creo que me está entendiendo. Muchas personas maravillosas no encajan en nuestra "manera de pensar" de cómo deben ser. Quiero que la gente me dé una oportunidad y que tome el tiempo de conocer mi verdadero "yo", así que he decidido que me esforzaré más a hacer lo mismo por ellos.

Jesús no escogió ayudar o hacerse amigo de la gente basado en la percepción de los demás hacia ella. Todos se sorprendieron cuando Jesús fue a casa de Zaqueo, porque Zaqueo era uno de los principales recaudadores de impuestos, y los recaudadores de impuestos no sólo eran odiados pero también se conocían por su deshonestidad. ¿Por qué haría eso Jesús? Honestamente, a Él no le importó lo que la gente pensaba de Él, pero estoy segura que Él fue muy cuidadoso acerca de lo que Él pensaba de otras personas. Le dio a Zaqueo una oportunidad, y por haberlo hecho, Zaqueo declaró solemnemente que daría la mitad de sus bienes para devolverle a la gente lo que él se había llevado con deshonestidad (vea Lucas 19:1-8). Muchas personas florecerían en algo mejor comparado con lo que actualmente son si tan sólo les diéramos una oportunidad.

Jesús tocaba a los leprosos, y eso era algo que más nadie hacía (vea Mateo 8). Él le habló a una mujer necesitada en un pozo, y los hombres judíos no hablaban con mujeres samaritanas (vea Juan 4). Viajó con una mujer que tuvo previamente siete demonios y hacían que ella viviera como prostituta (vea Lucas 8). Él escogió discípulos que nosotros hubiéramos rechazado como no aptos para el trabajo, y comió con "publicanos y pecadores" (vea Mateo 9:11). Jesús rompió todas las reglas del día y nos dio una nueva: Amarnos unos a otros, así como Él le ama (vea Juan 13:34).

> *Jesús rompió todas las reglas del día y nos dio una nueva: Amarnos unos a otros, así como Él le ama.*

Primeras impresiones

En el artículo de *Christianity Today* (Cristianismo Hoy), Stephen Brown citó a F. B. Meyer cuando escribió que hay dos cosas que no conocemos acerca de las personas: Primera, no sabemos cuánto él o ella se esfuerza por no pecar. Y segunda, no conocemos el poder de las fuerzas que le hayan atacado.[2] Algo que añadiría es que nosotros tampoco conocemos qué hubiéramos hecho en las mismas circunstancias.

Lo que pensamos acerca de los demás impacta grandemente cómo nos relacionamos con ellos. Nuestros pensamientos acerca de una persona afectan cómo la tratamos y cómo permitimos que esa persona nos trate. Puede que una persona quiera hacer algo amable para nosotros, pero si ya hemos decidido que no confiamos en ella, puede que cerremos una puerta de oportunidad que Dios quiere abrir.

Leí que, en 1884, unos padres que lloraban la pérdida de su hijo decidieron establecer un memorial en honor a él. Fueron a la universidad Harvard y se reunieron con el presidente, Charles Eliot. Eliot pretendió estar sorprendido cuando esa gente sencilla y sin pretensiones preguntó acerca de financiar un edificio en nombre de su hijo. Él los desanimó de la idea, diciendo que sería demasiado costoso. Él supuso que no tenían el dinero y sugirió que ellos hicieran algo sencillo y menos costoso. La pareja se negó y se marchó sin hacer la donación. Sólo un año después, Eliot fue informado que la misma pareja que él había despedido sin contemplaciones había establecido un memorial de $26 millones de dólares nombrado Leland Stanford Junior University, conocido para usted y para mí hoy como Stanford.[3]

Eliot se perdió una gran bendición debido a que hizo una suposición impropia basada en las primeras impresiones. Sus pensamientos y actitud crueles acerca de la pareja le costaron más de lo que él podía haberse imaginado en ese momento.

Es muy importante ver la gente como Dios la ve. Primer libro de Samuel 16:7 dice: "Porque Jehová no mira lo que mira el hombre; pues el hombre mira lo que está delante de sus ojos, pero Jehová mira el corazón". Si estamos dispuestos, podemos aprender a pensar acerca de la gente de la manera que Dios piensa acerca de ella. Reconoceremos a cada persona como una posibilidad valiosa en vez de como un problema potencial. Ver la gente de la manera que Dios la ve, y pensar acerca de ella de la manera que Dios piensa acerca de ella, viene con la madurez espiritual: es un subproducto de caminar en el Espíritu en vez de caminar en la carne. A menudo es un sacrificio, porque puede que queramos tomar el tiempo de conocerla más profundamente. Entiendo que no podemos ser mejores amigos con todos los que conocemos, pero por lo menos podemos dejar de ser groseros con la gente al evaluarla de un vistazo. Siempre habrá personas con las cuales podemos relacionarnos mejor que con otros, pero no debería ser una excusa para tener una actitud de exclusivista. Todos podemos beneficiarnos al ampliar nuestro círculo de inclusión.

Nuestras mentes carnales pasan juicio sobre la gente, sea correcta o incorrecta, basada en las primeras impresiones. En pocos minutos, formamos pensamientos acerca de una persona que pueden sabotear una relación antes de que tan siquiera comience.

Madre Teresa dijo: "Si usted juzga a la gente, usted no tiene tiempo para amarla".[4] Un fabulista romano, Fedro, dijo: Las cosas no son siempre como parecen; la primera apariencia engaña a muchos".[5] Admito que las primeras impresiones son importantes y todos deberíamos intentar dar una, pero todos merecen una segunda oportunidad.

El problema de juzgar por las primeras impresiones sin tener toda la información puede ser un problema serio, aun con la gente que ama a Dios y toman en serio servirle. Juan Wesley es considerado ser un gran hombre de Dios, y aun así cometió este error.

Un día Wesley regañó a un hombre que le dio sólo una pequeña donación para una noble causa. Luego de ser reprendido, el hombre le explicó a Wesley que no estaba dando lo menos que podía; estaba dando todo lo que podía. De hecho, el hombre llevaba varias semanas sobreviviendo con tan sólo chirivías y agua.

El pobre hombre continuó explicándole a Wesley que antes de su conversión, había acumulado muchas deudas. Ahora estaba escatimando en cuanto a lo esencial y negándose a lujos personales hasta que pudiera pagarles a sus acreedores a tiempo. El hombre dijo: "Cristo ha hecho de mí un hombre honesto, por lo tanto, con todas estas deudas a pagar, sólo puedo dar unas pocas ofrendas más allá de mis diezmos". Luego continuó diciéndole a Wesley que se sentía obligado a pagar sus deudas para así mostrarles a sus acreedores de este mundo cómo la gracia de Dios puede cambiar el corazón del hombre.

Juan Wesley se sintió culpable y le pidió perdón al hombre inmediatamente.[6]

Jesús vio las cosas de una manera distinta. Notó a una mujer depositar dos "blancas", como se les conocía en aquellos días (vea Lucas 21:1-4). Hay varias opiniones acerca de cuánto valdrían en la economía de hoy, pero sabemos que fue una cantidad muy pequeña. Jesús vio más allá de la cantidad de dinero que ella estaba dando; Él vio que ella estaba dando todo lo que tenía. Hagamos un compromiso de ver más allá de las apariencias superficiales de la gente y las situaciones. Oremos antes de salir al mundo cada día para que Dios nos ayude a no formar nuestros pensamientos y opiniones demasiado rápido de la gente, no sea que la dejemos fuera de nuestras vidas y perdamos la oportunidad de conocer a gente maravillosa que Dios ha puesto en nuestro camino.

¡Piénselo!

- La manera que pensamos acerca de la gente afecta cómo nosotros la tratamos.
- Cada persona tiene su historia. Si llega a conocerla, puede que comience a pensar acerca de ella con una visión distinta.
- Jesús amaba la gente, y nos instruye a hacer lo mismo.
- Con la ayuda de Dios, nuestra primera respuesta a la gente puede ser amarla en vez de juzgarla.

CAPÍTULO 12

Cualquiera puede cambiar

Para los hombres es imposible, mas para Dios, no; porque todas las cosas son posibles para Dios.

Marcos 10:27

La mejor manera de matar una relación es mirar a la otra persona y pensar: *Nunca cambiarás.* Gracias a Dios, Él siempre cree que podemos cambiar, y por ende, continúa obrando en nosotros. Seríamos más pacientes y misericordiosos en cuanto a las fallas ajenas si pensáramos a propósito: *Dios es paciente conmigo y lo seré contigo.* Siempre podemos escoger orar por las personas en vez de darnos por vencido con ellas.

En los primeros años de mi matrimonio con Dave, mi comportamiento fue de lo peor en ese momento. Nunca había estado en una relación sana y, honestamente, no tenía idea alguna de cómo comportarme. Mis pensamientos acerca del matrimonio, y qué esperar de una relación, todos estaban torcidos y eran irreales. Aquí unos ejemplos de algunos de los pensamientos incorrectos que tenía:

- *Dave tiene que hacerme sentirme bien acerca de mí misma.*
- *Dave tiene que hacer más cosas para hacerme feliz.*
- *Alguien me tiene que pagar por el abuso en mi infancia.*
- *No confío en los hombres.*
- *Dave no habla lo suficiente.*
- *Dave no me elogia lo suficiente.*

- *Dave no me hace regalos.*
- *Dave está demasiado involucrado en los deportes.*

Estoy segura que usted puede ver el problema. Todos mis pensamientos se trataban de lo que yo necesitaba y cómo Dave tenía que enfocarse en mí y hacer todo lo que yo quería que él hiciera. Tengo que decir que yo era totalmente egocéntrica, pero también estaba totalmente inconsciente que había otra manera de vivir. Hasta ese punto en la vida, mi experiencia había sido que realmente yo no le importaba a nadie, ni tampoco me iban a cuidar, así que mi trabajo era velar por mí misma. Si yo no lo hacía, nadie más lo haría. Esperaba cosas de Dave que Dios no le permitía darme, porque estaba mirando hacia la persona equivocada. Dios quiere ser nuestra fuente y, aunque usa a otras personas para animarnos y ayudarnos, Él quiere que dependamos y confiemos en Él en lugar de ellos.

Sorprendente es que Dave haya podido permanecer conmigo durante todos esos años. Estoy segura que se sentía vencido a veces, porque no importaba lo que él hacía, yo no era feliz. No hubiera podido ser feliz, sin importar las circunstancias que fueran, porque todo lo que acontecía dentro de mí estaba mal. Mis pensamientos y actitudes eran incorrectas, y ellos controlaban mis estados de ánimo y comportamiento. Pensaba acerca de mí. Pensaba acerca de qué estaba mal en mí. Qué estaba mal en otras personas. Qué estaba mal en la vida. Pensaba acerca de lo que la gente no hacía para mí. Cuán injustamente me había tratado la mayor parte de mi vida. Estaba casi paranoica acerca de lo que la gente pensaba de mí.

No tiene que ser un genio para ver cuál era mi problema. Cuando le he preguntado a Dave qué le permitió quedarse conmigo, él dice: "¡Yo sabía que Dios podía cambiarte!". ¡Guau! Él tenía que ser un hombre de fe. Su creencia de que Dios podría cambiarme fue un factor clave en mi sanación. Aún no sabía cómo confiar en Dios, así que Él usó a Dave para hacerlo por mí. Esos años no fueron fáciles para Dave, y él ha dicho que a menudo lloraba acerca de nuestra situación, pero sin importar cuán difíciles estaban las cosas, *él siempre creía que Dios me podría cambiar.*

Es obvio que hay gente que no cambia, pero podrían cambiar si abrieran sus corazones y le permitieran a Dios entrar. ¡Nadie está más allá del cambio! Puede que tome mucho tiempo para que suceda, pero puede suceder. Mi padre estaba ya en sus ochentas cuando finalmente reconoció su comportamiento abusivo y me pidió perdón a mí y a Dios. Recibió a Cristo, y vi un cambio genuino en él. Me alegra que no me haya dado por vencida, pero eso no quiere decir que no fui tentada a hacerlo, o que no hubo momentos cuando lo hice por un tiempo. Pero el Espíritu Santo siempre me movía nuevamente a recordarme que aunque ninguna persona podía cambiar a mi padre, nada había imposible para Dios.

> *¡Nadie está más allá del cambio! Puede que tome mucho tiempo para que suceda, pero puede suceder.*

No tuve relación con mi padre durante algunos años, porque no hubiera sido sabio o seguro para mí o mis hijos. Pero la fe transciende la distancia, y podemos creerle a Dios para que haga lo que es imposible para los hombres sin importar nuestra localización geográfica. Le sugiero que ore por las personas que necesitan permitirle a Dios entrar a sus vidas, y luego "decir lo que usted ora". Si usted está orando por alguien, entonces no vaya a almorzar con un amigo y hable de que usted duda que esa persona cambie jamás. También es destructivo mirar a la persona por la que está orando y, tal vez en un arranque de enojo, gritarle: "Usted nunca cambiará".

Aun cuando no vea cambio alguno, puede seguir creyendo que Dios está obrando y guiar sus conversaciones con los demás en esa dirección. Llene su mente con pensamientos tales como: *Creo que Dios está obrando y todas las cosas son posibles con Él.* Usted se sentirá mejor y su actitud hacia la persona en cuestión será mejor.

¿Nos damos por vencidos con demasiada facilidad?

Conforme a la Palabra de Dios, "el amor es sufrido" (vea 1 Corintios 13:4). No fui capaz de amar a mi padre como a un padre verdadero, o tener sentimientos amables y placenteros hacia él, pero aun así, podía amarlo con el amor de Cristo. Dios nos ama sin que lo amemos o no, pero este es un tipo de amor totalmente distinto a lo que normalmente pensamos que es el amor. El amor romántico, el amor paternal y el amor que sentimos por los amigos están basados todos, o por lo menos en parte, en lo que otros hacen por nosotros y cómo nos tratan. El amor de Dios se basa en quién es Él y su decisión de amarnos incondicionalmente.

Pienso que es importante que entendamos la diferencia entre estos varios tipo de amor. En el inglés, usamos la palabra *amor* para muchas cosas. *Amamos* las vacaciones, películas, helados y a nuestras familias, pero cada uno requiere un compromiso distinto. Al amor de Dios se le refiere en el griego como *ágape*, y eso lo podemos tener cuando todos los otros tipos de amor se hayan desvanecido.

Dios puso su amor en el corazón de Dave cuando él era joven, y fue con aquel amor que Dave me amó. Dios nos da su amor, y nos permite amar a otros. Nos permite soportar algunas dificultades y ser el tipo de gente que no se da por vencida.

Pienso que soportar significa sobrevivir al problema. Dave soportó. ¡Él sobrevivió a mis problemas! Yo soporté y sobreviví a los problemas con mi padre. Si usted se ha dado por vencido con alguien, usted puede hacer un cambio de curso ahora y comenzar a creer que *Dios puede cambiar al quien sea.*

Con frecuencia he tenido que ir a la Escritura por consuelo y estímulo para seguir adelante cuando me he sentido cansada de lidiar con una persona que parece que jamás mejorará. Esta es una de las escrituras que me han alentado a menudo:

> *Sobrellevad los unos las cargas de los otros, y cumplid así la ley de Cristo.*
>
> Gálatas 6:2

He aprendido que no soy responsable de cambiar a las personas: sólo soy responsable de cumplir la ley de Cristo, ¡la cual es el amor! Creo que nos enfocamos demasiado en los resultados que obtenemos o no de nuestros sacrificios, en vez de simplemente ser gente realizada en saber que estamos haciendo lo que Dios pide de nosotros y los resultados dependen de Él. Debemos hacer lo correcto porque es lo correcto, ¡y no tan sólo para obtener resultados!

Evite los pensamientos que conllevan a la debilidad y a darse uno por vencido. No piense:

- *Esto es demasiado difícil.*
- *No puedo hacer esto más.*
- *Nunca cambiaré.*
- *Es demasiado tarde para que esto cambie jamás.*

Crea que usted puede hacer todo lo que Dios le pida por medio de Cristo (vea Filipenses 4:13).

Todos hemos oído historias maravillosas de cómo las personas han sido cambiadas por Dios. Muchas de ellas involucran a Dios usando a alguien que estuvo dispuesto a creer y no darse por vencido con ellas. Permita que Dios le use. Comience a creer que cualquiera puede cambiar.

Nuestro trabajo no es intentar cambiar a las personas, sino creer que Dios puede cambiarlas. ¿Intenta usted hacer el trabajo de Dios y en el proceso no hacer el suyo? Dave compartió que él sabía que Dios me podía cambiar, pero también sabía que no lo podría hacer él mismo, así que ni tan siquiera lo intentó.

Puedo decir con honestidad que nunca percibí una amenaza sutil de Dave que si yo no cambiaba él se marcharía. Sólo sentí su amor. Tristemente, la mayoría del tiempo no podía recibirlo, pero eso no lo detuvo a él de ser quién él era. Siguió ofreciendo amor, y permaneció gozoso. Dios sigue dando aun si no hemos aprendido cómo recibirlo, y podemos aprender a hacer lo mismo en nuestras relaciones con otras personas.

Un hombre al que llamaremos Paco, quien era siempre un hombre feliz, estaba esperando un autobús una mañana fría de invierno. Otro hombre estaba vendiendo periódicos en la esquina donde él esperaba, y como siempre, Paco le ofreció un saludo amigable. El vendedor de periódicos frunció el ceño y le dijo algo grosero, pero Paco continuó siendo amigable y feliz. Otro hombre que estuvo esperando el autobús le preguntó a Paco: "¿Cómo puede continuar siendo amigable y amable con ese hombre después de que le habló así?". Paco respondió: "¿Por qué debo permitir que su infelicidad me robe la mía? Oraré por él y permaneceré como soy".

Demasiado a menudo permitimos que los problemas y comportamiento de los demás nos cambien, y esa es una de las peores cosas que podemos hacer. No nos ayuda ni tampoco les ayuda a ellas.

> ¡Nunca tendremos un testimonio si no pasamos por una prueba!

Dave no permitió que yo le hiciera infeliz, y eso eventualmente me hizo bien. Mediante su ejemplo, finalmente vi que un gozo está disponible para nosotros que no depende de los demás o de nuestras circunstancias. ¡Yo quería ese gozo! Pero ni siquiera hubiera sabido que existía si Dave se hubiera dado por vencido conmigo. Simplemente se quedó y permaneció gozoso. ¿Cuántas oportunidades nos hemos perdido en la vida sencillamente porque nos damos por vencidos con demasiada facilidad? Le puedo asegurar que si Dave hubiera manejado a casa una noche pensando: *Ella nunca cambiará, y no puedo aguantar esto mucho más*, se hubiera perdido muchas de las oportunidades maravillosas que Dios nos ha dado al pasar de los años de usar nuestro testimonio para animar a otros. ¡Nunca tendremos un testimonio si no pasamos por una prueba!

Deje de frustrarse a sí mismo

Por muchos años estuve frustrada gran parte del tiempo, y gracias a Dios, ahora sí sé cómo evitarlo. La frustración es causada siempre por lo que la Biblia llama "las obras de la carne", las cuales son cuando nuestra energía humana intenta hacer lo que sólo Dios puede hacer. Deje de intentar cambiar las cosas que usted no puede cambiar, y la frustración se desaparece. Tenemos dos opciones en la vida y ellas son o luchar o creerle a Dios. Como no podemos cambiar a la gente, podemos cambiar nuestra actitud hacia ella. Dave pudo haber sentido pena de sí mismo, pero creo que se dio cuenta cuán miserable era yo y sintió más pena por mí. Pudo ver más allá de cómo yo le hacía sentir a él a lo tan infeliz que era yo. Sintió compasión verdadera por mí, y lo empoderó para no darse por vencido.

Si Dave constantemente hubiera tenido pensamientos malos acerca de mí, hubiera sentido el impacto de ellos. Hubiera sentido su rechazo y negatividad. Sin embargo, como no pasó, nunca sentí nada de eso. Necesitaba desesperadamente ver a Jesús, y Dave me mostraba cómo era Él. Quizás finalmente pude creer que yo podía cambiar porque podía percibir que Dave creyó que podía.

Dave me confrontaba si me volvía lo que él llamaba "más que insolente" con él, pero definitivamente escogía sus batallas, y no me confrontaba sobre cada pequeña cosa que hacía mal.

Usted puede encontrar un alivio casi increíble cuando enfrenta el

> Controlarnos a nosotros mismos debe ser nuestra meta, no controlar a otro.

hecho de que usted no puede cambiar a otra persona. A veces lo que queremos de la gente es irreal, y tenemos que aprender a dejar que ella sea quién es; pero si verdaderamente tiene que cambiar, Dios es el único que lo puede hacer. Controlarnos a nosotros mismos debe ser nuestra meta, no controlar a otro.

No podemos cambiarnos a nosotros mismos

Aun cuando un individuo llega al punto de querer cambiar, no lo puede hacer por sí solo. Sólo Dios puede obrar desde adentro hacia afuera, y eso es lo que necesitamos. Para que cualquier cambio de comportamiento dure, tiene que provenir del corazón. Puedo reunir cualquier disciplina para cambiar algo de mi comportamiento, pero sólo Dios puede cambiar mi corazón.

Como dije, cualquiera puede cambiar, pero Dios tiene que ser invitado para hacer los cambios. Nuestro trabajo es querer cambiar, y el trabajo de Dios es hacer la obra mientras creamos y cooperemos con sus instrucciones.

La Biblia dice que cuando Dios le entrega sus enemigos, entonces usted tiene que destruirlos del todo (vea Deuteronomio 7:1-2). Me llamó la atención darme cuenta que no podría destruir mis enemigos del enojo, egoísmo, amargura, envidia y muchos más, hasta que Dios me los entregara. Dios lidia con las cosas en nuestra vida una a la vez; si usted se adelanta a Dios, se frustrará mucho y se confundirá. No tendrá éxito; luchará y se sentirá derrotado. Se desanimará y querrá darse por vencido.

Los israelitas no podrían dejar la esclavitud en la que fueron encarcelados en Egipto hasta que llegara el tiempo perfecto de Dios. Josué no pudo tomar a Jericó hasta el día exactamente correcto. Jesús no fue resucitado de la muerte hasta el tercer día. ¿Por qué el tercer día? ¿Por qué no el primer día o el segundo? La sencilla, pero a menudo difícil, respuesta es que simplemente no era todavía el tiempo correcto. Podemos creer que Dios está obrando aun cuando no veamos evidencia de ello. Eso es la fe.

Puede que queramos que alguien cambie antes de que Dios esté listo para eso en particular. Hay muchas cosas que Dios sabe de las cuales no tenemos conocimiento. He tenido que aceptar que mi rinconcito en el mundo no es el único rincón que existe. Dios obra en todo para bien, no tan sólo en nuestras cosas. Puede que esté frustrada porque Dios no está haciendo algo que pienso yo que tiene que hacerse, pero Él está obrando en algo o en alguien que tiene que estar en su lugar antes de que Él haga lo que le pedí hacer. Dios tiene una manera perfecta, un plan perfecto, y no se apresurará. Todas las cosas obran para bien a su debido tiempo.

Piense en comprar un rompecabezas de 5000 piezas. Lo compra porque le gusta la imagen en la caja, pero cuando usted vuelca todas las piezas sobre la mesa, se siente abrumado. Todas las cosas en nuestras vidas son algo así. Nos gusta la imagen que Dios presenta en su Palabra de lo que podemos llegar a ser, pero ¿seremos lo suficientemente pacientes para ver juntarse la imagen?

La paciencia

Aun después de querer un cambio y comenzar a trabajar con Dios hacia mi restauración, Dave tuvo que permanecer paciente porque yo era una obra en proceso, tal como lo somos todos. Cuando está en una relación con alguien que necesita cambiar, o si el que necesita cambiar es usted, ¡sea paciente! Alégrese y celebre los cambios que sí ve sin importar cuán pequeños sean, y le dará ánimo para seguir adelante y no darse por vencido. Todos estamos cambiando aun, incluyéndonos a Dave y a mí.

Hace tan sólo tres días, le dije algo a Dave frente a unos amigos que no debí haber dicho. Le dije con firmeza que él estaba mal por algo que dijo. Sé que no le gustó, pero no me dijo nada. Supe inmediatamente que yo estaba mal y no podía esperar llegar a un lugar donde pudiera pedirle perdón. Ayer, le pedí a Dave que me hiciera un pequeño favor, pero habría implicado tener que ajustar sus planes un poco, y me dijo un firme: "¡No!". Lo dejé en las manos de Dios y seguí con mis asuntos, y rápido vino donde mí a pedir perdón.

En ambos casos, Dios tuvo la oportunidad de convencernos de nuestro mal comportamiento, y las situaciones se rectificaron de manera rápida. Pero a menudo intentamos convencer a alguien de un mal comportamiento: comenzamos una discusión y nunca se llega a una solución. Si fuéramos más pacientes y dispuestos callar y esperar en Dios, muchos cambios se llevarían a cabo más rápidamente. ¡Es maravilloso cuán poderosamente puede obrar Dios cuando estamos callados! El Espíritu Santo es el que convence de pecado y de juicio (vea Juan 16:8).

Cuando la paciencia y la oración obran juntos pueden lograr cosas grandes, y mantenemos nuestra paz mientras esas cosas se logran. ¡Dios puede hacer en un instante lo que no podemos lograr en toda una vida!

Cambios que he visto

Lamento que hayan personas con quienes me di por vencida al pasar de los años, porque pensaba que jamás irían a cambiar. Ahora sé que con Dios, todas las cosas son posibles. He visto algunos cambios maravillosos en mi vida y en otros miembros de la familia y amigos. Todos mis hijos salieron mejor de lo que me había imaginado cuando eran adolescentes en casa y volviéndome loca. No entraré en todos los detalles, pero cada uno tuvo su conjunto único de características de "volver loca a mamá", de las cuales estaba segura les impedirían convertirse en adultos productivos.

Ahora dos de nuestros hijos manejan las actividades diarias de los ministerios Joyce Meyer al igual que todos los medios, misiones y operaciones administrativas. Una de nuestras hijas educa en casa a sus hijos, al mismo tiempo que se mantiene ocupada en el ministerio. La otra hija nuestra me asiste a tiempo medio, ayudándome a mantener mi vida organizada. Por cierto, ella es la que era bien desorganizada en su juventud que yo pensaba que cuando se fuera de la casa no podría encontrarse a sí misma…

En cuanto a los cambios en mí… ¡guau! Ni tan siquiera soy la misma persona que antes fui. Yo bromeo que Dave ha estado casado con, por lo menos, veinte versiones de mí en los cuarenta y ocho años que llevamos juntos. Sinceramente quiero exhortarle, por una última ocasión, de creer que cualquiera puede cambiar. Como lo dije anteriormente, tal vez no pueda estar en una relación con alguien que todo el tiempo está indeciso en querer cambiar, pero aún usted puede influir mucho en su progreso al orar y creer que el cambio es posible con Dios. Cuando usted ve o piensa en las personas que sabe que son difíciles de lidiar, ¡no piense en ellas o hable de ellas como si nunca pudieran cambiar! Intente decir: "Dios, yo creo que _____ puede cambiar, y te pido que sigas obrando en ellos hasta que lo logren".

¡Piénselo!

- Nadie está más allá del cambio. Puede que tome mucho tiempo, pero puede suceder.
- Podemos amar a otros porque Dios nos ama. Él pone el ejemplo de cómo amar.
- Soportar significa durar más que el problema. Si está esperando para que el cambio ocurra, no se dé por vencido.
- No podemos cambiar a las personas en nuestras vidas: sólo Dios puede traer cambio verdadero y duradero.
- El cambio sobrenatural siempre viene desde adentro hacia afuera.

¿Por qué no es usted como yo?

*De manera que, teniendo diferentes dones, según la
gracia que nos es dada.*

Romanos 12:6

Ha mirado a alguien alguna vez y pensado: *¿Qué le pasa a esa
persona?* Yo sí, y estoy segura que usted también. ¿Por qué
pensaríamos eso? Usualmente es porque las personas de la
cual estamos pensando sencillamente no son como nosotros.

Cuando se trata de tener buenas relaciones, es vital que
aprendamos a aceptar las diferencias en todas las personas.
Dios nos creó a todos distintos a
propósito. Los que son distintos
a usted no son simplemente per-
sonas que hicieron filas en todas las incorrectas cuando Dios
estaba distribuyendo características. Tengo una amiga que
es tan amable que me sorprende que no se llame "Azúcar".
Estoy trabajando en eso, pero dudo que pueda ser tan naturalmente amable como lo es ella. He pensado: *¿Dónde estaba
yo cuando Dios estaba distribuyendo los "genes amables"?* Estaba
justo donde tenía que estar, recibiendo lo que Dios quería que
tuviera, al igual que usted y todos los demás. Recordemos
que Dios nos creó a cada uno en el vientre de nuestra madre
cuidadosa e intricadamente (vea Salmo 139:13-16). No somos
errores tan sólo porque no somos como alguien más.

Dos de mis nietas de los mismos padres tienen trece y quince

> **Dios nos creó a todos
> distintos a propósito.**

años. No se parecen, y no se comportan una como la otra. Una de ellas se parece mucho a mí en el físico y la personalidad, y la otra es todo lo opuesto. Una es una persona franca, sensata y sencilla. Si le hace una pregunta, más le vale que esté listo para una opinión honesta, porque ella no ablandará la píldora si lo que usted está a punto de oír no es muy alentador. La otra chica es tan dulce que suda dulzura, y no importa lo que ella le diga a usted, de una forma o de otra, logra que suene bien.

Si fuera yo a preguntarle a Emily, la de trece, si le gusta mi atuendo y no le gusta, ella diría: "¡No!". Si le pregunto a Abigail, la de quince, si no le gustara, puede que diga algo como: "Abuela, casi todo le queda muy bien, y ese se ve más o menos, pero tiene cosas que hacen que usted se vea impresionante".

Mi hija, Laura, le preguntó a Emily el otro día qué estaba estudiando en la clase de historia y su contestación fue: "Gente". "Oh", dijo Laura, y luego de una pausa larga decidió que intentaría provocar algo de conversación, y preguntó: "¿De qué período es la gente?". Y Emily contestó: "Primitiva". Si le hubiera hecho la misma pregunta a Abigail, hubieran tenido una conversación de treinta a cuarenta y cinco minutos que incluiría cada pequeño detalle. Laura me llamó y nos reímos bastante. Fue un recordatorio fresco justamente de cuán distintos somos y la importancia de aceptar ese hecho. Pensar que todos deberían ser como nosotros es uno de nuestros problemas más grandes en las relaciones, y causa muchos pensamientos incorrectos y actitudes incorrectas que son dañinos a los matrimonios, las amistades y las relaciones laborales sanas y satisfactorias.

Aún me sorprende cuántos problemas tuve para llevarme bien con la gente hasta que aprendí la lección importante que no soy el estándar perfecto de lo que debe ser la gente. Seguramente está pensando: *Joyce, a la verdad que usted tuvo muchos problemas.* Sí, los tuve, y me alegra haber podido ser honesta conmigo misma acerca de ellos, porque sólo la verdad nos hace libres. He disfrutado de mucha victoria y muchos avances maravillosos y cambios positivos, y sé que cualquiera que lo desee también puede tener lo mismo.

Dave y yo estuvimos de compras una vez cuando encontró una blusa azul que le gustó y sé asombró que no me gustara. "¿Qué tiene de malo? ¿Cómo es posible que no te guste? Te quedaría muy bien", dijo él. Hubiera habido un momento en mi vida que, o me sintiera que algo tal vez estaba mal conmigo por no haberme gustado, o hubiera fingido que me gustaba tan sólo para hacerlo feliz, o me hubiera enojado porque me hubiera sentido como si me estuviera obligando a que me gustara. ¡Ninguna de ellas son buenas opciones! Pero ahora sencillamente dije (dulcemente por supuesto): "Simplemente no me gusta", y seguí a la próxima tienda. Es muy libertador cuando sabemos quiénes somos en Cristo y tenemos la confianza de ser la persona que Él nos hizo ser.

No siento la necesidad de pedir perdón por la manera que veo las cosas y por lo que me gusta o no me gusta. Claro, para poder tener esa libertad, tengo que darles libertad a los demás, y he aprendido hacerlo. Estoy creciendo todavía, por supuesto, pero al menos entiendo la importancia del principio y cómo afecta nuestras relaciones.

El aburrimiento de la monotonía

Si todos en la vida fueran iguales, usted se aburriría. La verdad es que Dios nos ha creado a todos de maneras distintas a propósito, y aunque no siempre entiendo por qué hizo a algunas personas así, sé que soy llamada por Él a amarlas y aceptarlas, y no pensar que algo está mal con ellos tan sólo porque no encajan en mi idea de lo "normal". Dios ama la variedad y deberíamos aprender a amarla también.

Sólo contemple cuán aburrida sería la vida si todos y todo se viera y se comportara exactamente igual. ¿Qué pasaría si todas las personas se vieran iguales y tuvieran el mismo temperamento? ¿Qué pasaría si cada árbol y flor fuera igual, y cada ave, perro, gato, etc.? ¡Aburrido! Tenemos que aprender a apreciar la variedad de personas que Dios ha colocado en este mundo, y poder aprender a cómo pensar acerca de las diferencias en las personas de una manera que honra a Dios y mejora nuestras relaciones.

¿Cuántas personas dejamos fuera de nuestras vidas, excluimos, y criticamos, haciéndoles sentirse inferior tan sólo porque no son como nosotros? Probablemente muchas más de lo que quisiéramos contar. Todos nos conectamos con algunas personas más que con otras, pero aun si no queremos ser el mejor amigo de alguien, podemos apreciar su singularidad como creación de Dios y hacer cada esfuerzo de nunca hacerlas sentir insignificantes.

Significado

Una de las mayores necesidades que tienen todos es de sentirse significante. Queremos sentir que importamos, que tenemos valor y propósito. Aceptación de los demás nos ayuda a sentirnos así. Podemos aceptar o rechazar a alguien sin decir una sola palabra. He estado reflexionando acerca de mis expresiones faciales cuando alguien o algo que él hace me parecen extraños. Abro mis ojos así de grande como si estuviera diciendo: *¿Usted piensa qué?* Me arrugo la boca, lo cual mueve mi nariz a una posición distinta, y eso dice sin lugar a dudas, *¿Cuál es su problema?* A veces niego con la cabeza en incredulidad, indicando que no puedo creer en absoluto que la persona haya hecho algo, piensa algo, o está haciendo algo que yo no haría. Todo esto se logra sin palabras. Si le añado un suspiro, gemir, quejido, grito ahogado y lenguaje corporal descriptivo, he encontrado varias maneras más de dejarle saber a la gente que creo que tiene algo de malo, y aun así no he pronunciado una palabra.

Si comienzo a hablar con la persona, o acerca de la persona, con respecto a sus "maneras", puedo causar daños mayores. Lo aterrador es que puedo hacerlo y he hecho todo eso, y sin siquiera pensarlo dos veces. ¡Guau! Siento mucho que me haya comportado de esta manera, y estoy más comprometida que nunca a hacer que la gente se sienta valiosa.

Hacer que la gente se sienta sig-

> Hacer que la gente se sienta significante comienza con cómo pensamos acerca de ella.

nificante comienza con cómo pensamos acerca de ella. Tenemos que considerar cómo pensamos acerca de la gente en nuestras vidas. ¿Habrá alguien que aprobamos al cien por cien? Probablemente no, pero el porcentaje subiría si tan sólo nos diéramos cuenta que no tiene que ser como nosotros. No tiene que pensar como pensamos, gustarle lo que nos gusta, compartir nuestras opiniones o tomar las mismas decisiones que tomaríamos en ciertas situaciones. Dios nos ama y nos acepta a todos, y desea que hagamos lo mismo con cada uno.

Cuando alguien tiene una opinión distinta a la nuestra, en vez de darle una mirada como si fuera un alienígeno de otro planeta, por qué no mirarlo y pensar: *Respeto su derecho de opinión, y me doy cuenta que la manera que veo las cosas tal vez no sea la correcta siempre.* Si pensamos de esa forma, hablaremos de esa manera y nos comportaríamos así. Cuando le hablamos a alguien acerca de una idea que tenemos y nos ofrece una que es muy distinta a la nuestra, por qué no mirarlo y pensar con una sonrisa: *Estoy abierto a otras ideas, y consideraré la suya.* Esto sería preferible a abrir la boca sin pensarlo y decir bruscamente: "¿Tiene que estar siempre en desacuerdo conmigo? Es la idea más estúpida que he oído. ¡¿No me diga que cree que esto funcionaría?!".

Intente hacer una lista de las personas con quienes más lidia en la vida, y luego revise la lista a menudo y reflexione a propósito. Piense cosas a propósito como: *[Nombre de la persona] es valioso, es superdotado, y en mi vida necesito la variedad que ofrece. Aprecio su singularidad, y quiero ayudarle a ser todo lo que puede ser.*

Tomar este punto de vista positivo acerca de las personas no quiere decir que no tienen algo en sus personalidades que tiene que ser cambiado o pulido, pero sí quiere decir que nos ponemos de acuerdo en no vernos a nosotros mismos como más importantes y valiosos que los demás. También quiere decir que estamos de acuerdo que Dios es sabio, y como Él parece amar la variedad, entonces también tenemos que abrazarla.

¿Qué tiene Dios en mente?

Si usted hace preguntas, averiguará que la mayoría de la gente casada lo está con alguien que es muy diferente de ella en cuanto al temperamento. Si la gente tiene múltiples hijos, aquellos hijos son distintos el uno del otro. Trabajamos con personas que son distintas todas, estudiamos con ellas, vivimos en vecindarios con ellas. ¿Qué tenía Dios en mente? Quiere que nos necesitemos y dependamos el uno del otro. A cada uno nos da una parte de un todo, pero nadie lo recibe todo. Dios nos da a cada uno habilidades y talentos que son distintos a los de las demás personas. Dave y yo somos taaaaaan distintos, pero dejamos de pelear acerca de ello hace mucho, mucho tiempo. Sea lo suficientemente sabio para aceptar lo que no puede cambiar y dese cuenta que Dios tiene un plan. Sométase a Él y usted comenzará a beneficiarse del mismo. Dios me ha dado *exactamente* lo que necesito al darme a Dave, pero por muchos años, sólo encontraba fallas en lo que no me gustaba de él, en vez de hallar el valor en lo que sí me gustaba.

Dave y yo hablamos a menudo de cuán grandiosa es nuestra relación ahora, y cuán bueno es porque nos damos mutuamente la libertad de ser nosotros mismos con nuestras singularidades. No pierda todo el tiempo que perdimos nosotros dándole vuelta a la rueda tratando de obligar a las personas de ser algo que ellas no saben cómo ser. Aprenda de mis errores y disfrute de la vida antes de que yo lo hiciera.

Puede que esté pensando en cuanto a las cosas que no le gusta acerca de alguien, y aun mi sugerencia de la aceptación hace que usted se encolerice. Si es así, entiendo completamente. No insinúo que debemos aceptar el comportamiento pecaminoso y aplaudirlo, pero sí le insto a aceptar otras cosas que probablemente no cambiará. Por ejemplo, si su cónyuge o amigo es callado y usted es hablador, sólo alégrese que tenga a alguien lo suficientemente callado para escucharle a usted en vez de decirle que él tiene que hablar más. Si usted es agresivo y está en una relación con alguien más tranquilo y relajado, alégrese que tenga a alguien que probablemente se dejará llevar pacíficamente de lo que usted quiere hacer. Me acuerdo haberle dicho a Dave una vez: "Deberías ser más agresivo". Él dijo: "Deberías alegrarte que soy como soy porque si no, ¡no estarías haciendo las cosas que haces!". ¡Vi la luz! Él tenía la razón: Dios me había dado el hombre correcto para la situación única que tenemos.

A veces pienso que tenemos dificultad en las relaciones porque tenemos una cosmovisión de cómo deberían ser todos. Puede que no sea yo una esposa o madre normal conforme al estándar mundial, pero soy una buena, y creo que soy una que sigue el plan de Dios. Dave puede que no sea igual a otros esposos, o hace las cosas que otros esposos hacen, pero es maravilloso, pacífico, asombroso, y justo el hombre para mí. Deje de intentar meterse a usted mismo o a alguien más en una caja en la cual nunca cabrán y comience a celebrar su singularidad.

Recuerde que la mente está conectada a todo lo demás. Si quiere mejorar sus relaciones, examine cómo piensa acerca de las personas en su vida. Pídale a Dios que le ayude a verlas de la manera que Él las ve y a pensar acerca de ellas de la manera que piensa Él, y le puedo prometer que usted será más feliz y sus relaciones mejorarán.

¿Qué piensa usted de mí?

Al principio de esta sección dije que deberíamos pasar más tiempo pensando sobre qué pensamos de los demás en lugar de lo que ellos piensan de nosotros. Acabo de ver a alguien del vecindario que me preguntó si participaría en un día de limpieza que el área había organizado. Respondí que no, pero luego me encontraba preguntándome qué pensaba de mí ya que no ayudaría. Yo sabía que la razón por la cual no ayudaría era una válida, pero me preocupó lo que ella pensaba. Conozco la agonía de ser uno que siempre quiere complacer a los demás, así que comencé a pensar acerca de la instrucción en la Palabra de Dios de enfocarnos en agradar a Dios, no en agradar a la gente (vea Gálatas 1:10; Efesios 6:6). Esto me ayudó a volver a enfocarme inmediatamente y volver al camino correcto mentalmente.

¿Ha caído en la trampa de pensar demasiado acerca de lo que la gente piensa y dice acerca de usted? Creo que a veces la mayoría lo hacemos. Queremos caerle bien a la gente, que piense bien acerca de nosotros, y que nos acepte, eso es bastante normal; sin embargo, si no tenemos cuidado, podemos permitir que la preocupación por lo que la gente piensa acerca de nosotros comience a controlarnos y cause que perdamos la vista del plan de Dios para nosotros.

¡Lo que pienso acerca de los demás es más importante que lo que ellos piensan de mí! No soy responsable de sus pensamientos, pero sí soy responsable de los míos delante de Dios. Así que decidí pensar a propósito acerca de la vecina algo que fuera bueno y beneficioso. Por ejemplo: *¡Ella parece una muy buena mujer! Parece estar en sus sesentas, ¡pero aún está en buena condición física! ¡Me gusta su peinado! ¡Ella es amigable!* Sabía por experiencia que si pensaba cosas buenas acerca de ella a propósito en vez de preocuparme por lo que ella pensaba acerca de mí, le respondería a ella mejor la próxima vez que la viera. Si continuaba preocupándome de sus pensamientos acerca de mí, la próxima vez que la viera respondería de manera insegura, más o menos esperando que dijera algo crítico acerca de mí al no poder participar en el día de la limpieza. Pero al meditar cosas buenas acerca de ella, sabía que disfrutaría de verla nuevamente y tendría unos elogios esperando, porque ya habrían estado en mis pensamientos.

Cómo pensar acerca de la gente

Lo que pensamos acerca de la gente cuando no estamos con ella determina cómo la trataremos cuando lo estamos. Realmente quiero agradar a Dios referente a cómo hago sentir a los demás, y estoy segura que usted piensa igual. He pasado muchos años permitiendo que el Espíritu Santo me enseñe cómo tratar a las personas, y una cosa que aún estoy aprendiendo es el papel vital que hacen los pensamientos en el resultado de cada relación. Es emocionante para mí darme cuenta que me puedo preparar para la acción al escoger mis pensamientos cuidadosamente. Si no quiero maltratar a las personas y dejarlas sintiéndose mal después de estar con ellas, entonces necesitaré pensar cosas buenas acerca de ellas antes de pasar tiempo juntos y durante ese tiempo.

> Lo que pensamos acerca de la gente cuando no estamos con ella determina cómo la trataremos cuando lo estamos.

Recuerde que la gente no siempre recuerda lo que decimos, pero sí se acuerda de cómo la hacemos sentir. Planifique hacerla sentir bien. Otra líder femenina y yo estuvimos conversando sobre cómo queremos crecer más en el aprecio hacia las ideas de los demás. Ambas somos de voluntad firme y decisivas, y cuando estamos en las reuniones y las personas tienen ideas que nos parecen irrazonables, ambas encontramos difícil mantener lo que estamos diciendo al expresarlo con nuestras expresiones faciales. Aun si nos mantenemos calladas, la cara lo dice todo. Compartí con ella que yo creía que nos podíamos preparar para tener buenas reacciones faciales a las opiniones que difieren de las nuestras al planificar a propósito cómo responderíamos de antemano. Deberíamos orar para que Dios nos ayude a pensar acerca de la gente de la misma manera que queremos que piensen de nosotros.

Antes de entrar a una reunión creativa donde sabemos que serán compartidas abundante y abiertamente opiniones distintas, podemos pensar cosas como: *Habrá muchas opiniones distintas ofrecidas hoy y todas son cordiales y dignas de consideración.* O: *Todos los que están en el salón son valiosos, y los trataré como son.* O: *Cuando alguien comparte una idea que no me gusta, me acordaré que él tiene un derecho de tener opinión propia, aun si no fuera a estar de acuerdo con ella.*

Hay innumerables maneras que podemos beneficiarnos de pensar a propósito de una manera positiva acerca de las personas. Antes de reunirse con alguien, aunque sea un amigo para un café, piense en las cosas que usted disfruta y aprecia de él. La mayoría de nosotros no tenemos que intentar pensar en las cosas que no nos gustan: nos llegan a la mente sin invitarlas, pero podemos negarles la entrada al tener ya nuestras mentes llenas con cosas buenas. Por ejemplo: *Almorzaré con un amigo en un mes. Estoy encantada que tengo un mes para pensar cosas buenas acerca de ella, y no puedo esperar ver el efecto positivo que tendrá sobre nuestro tiempo juntos.*

Pensamientos de oración

La oración es lo que hace exitoso cada empresa, y podemos combinar nuestras oraciones y pensamientos y alcanzar dos metas a la vez. Mientras pensamos cosas buenas acerca de un evento o persona, podemos convertir aquellos pensamientos en oraciones ofrecidas a nuestro Padre celestial. ¡Inténtelo! "Padre, sé que amas a _____, y aprecio todas las fortalezas que le has dado. Es divertido estar con él, es una persona alentadora, y de mucha ayuda. Gracias por ponerlo en mi vida".

Las relaciones son una parte importante de nuestras vidas, y oro que podamos recordar cuánto nuestros pensamientos las afectan. Sea agresivamente positivo en cómo usted piensa acerca de la gente. Todos (incluyéndonos a nosotros) tenemos fallas y debilidades, pero gracias a Dios, con la ayuda de Dios, podemos enfocarnos en sus fortalezas.

¡Piénselo!

- Es vital que aprendamos a aceptar las diferencias en todos.
- Dios creó a cada uno para ser único. La vida sería aburrida si todas las personas y todas las cosas se vieran y se comportaran iguales.
- Hacer que la gente se sienta significante comienza en cómo pensamos acerca de ella.
- La mente está conectada con todo lo demás. Si quiere mejores relaciones, examine cómo usted piensa acerca de las personas en su vida.
- La gente no se acuerda siempre de lo que usted dice, pero sí se acuerda de cómo usted la hizo sentir.

SECCIÓN 3

Cómo sus pensamientos afectan su salud física y emocional

CAPÍTULO 14

Sus pensamientos y el estrés

Fíate de Jehová de todo tu corazón, y no te apoyes en tu propia prudencia.

Proverbios 3:5

Algunos años atrás tuve que enfrentarme al hecho de que aunque haya dicho: "Yo le creo a Dios", mi mente demostró que realmente no lo hacía. Quería creerle a Él, pero la verdad era que yo me preocupaba y sentía miedo y ansiedad en muchas situaciones. Ser honesta conmigo misma me ayudó a comenzar a lidiar con los hábitos mentales negativos que estaban obstaculizándome la fe. No puedo decir que soy completamente libre de preocupación en este punto de la vida, pero he recorrido bastante hacia la meta, y mientras menos me preocupo, ¡menos estrés tengo! No hay dudas de que nuestros pensamientos y niveles de estrés están estrechamente conectados.

A través de varios artículos que he leído al pasar de los años, he aprendido que el estrés y la preocupación pueden afectar nuestra salud física y emocional de muchas maneras. Físicamente, puede afectar el sistema nervioso central y causar una variedad de problemas; también puede afectar el sistema muscular esquelético, causando dolores de cabeza y tensión muscular. El sistema respiratorio puede ser afectado adversamente, causando hiperventilación que puede conllevar a ataques de pánico. El estrés también puede afectar el sistema cardiovascular (aumento de ritmo cardíaco, la inflamación de las arterias), el sistema endocrino (liberación excesiva de hormonas de estrés), el sistema gastrointestinal (reflujo ácido, úlceras estomacales, estreñimiento, síndrome de intestino irritable/diarrea), y el sistema reproductivo (baja producción de espermatozoides, falta de ciclo menstrual o ciclo menstrual irregular). Emocionalmente, puede causar ansiedad, depresión, privación del sueño, y más.

Cuando nos preocupamos, estamos buscando contestaciones a nuestros problemas, esperando que encontremos una manera de controlar nuestras situaciones de la vida, pero la verdad es que de todas formas nunca estamos en control, porque lo está Dios. En vez de usar nuestro poder de intentar controlar las situaciones y las personas, deberíamos usarlo para controlarnos a nosotros mismos. En vez de preocuparnos acerca de las cosas que no podemos controlar, ¡debemos controlar nuestra preocupación!

> *En vez de preocuparnos acerca de las cosas que no podemos controlar, ¡debemos controlar nuestra preocupación!*

Nunca podremos bajar nuestros niveles de estrés a menos que aprendamos a pensar apropiadamente. Cuando digo apropiadamente, quiero decir creer lo mejor mientras se confía en Dios para resolver nuestros problemas.

¡Podemos empeorar cualquier problema al preocuparnos de él!

No es la voluntad de Dios que vivamos bajo la presión del estrés, y Él nos ha provisto una manera para evitar la mayoría de él.

> *No se turbe vuestro corazón; creéis en Dios, creed también en mí.*
>
> Juan 14:1

*La paz os dejo, mi paz os doy; yo no os la doy como
el mundo la da. No se turbe vuestro corazón, ni tenga
miedo.*

Juan 14:27

*No se inquieten por nada; más bien, en toda ocasión,
con oración y ruego, presenten sus peticiones a Dios
y denle gracias. Y la paz de Dios, que sobrepasa todo
entendimiento, cuidará sus corazones y sus pensamientos en Cristo Jesús.*

Filipenses 4:6-7 (NVI)

Hubo un momento en mi vida cuando tenía que leer estos
versículos de las Escrituras y pensar: *Quisiera poder hacer eso
cuando tenga un problema, pero siempre estoy tan preocupada.* Pero
ahora sé que Dios no me creó para estar siempre tan preocupada, y como me ha instruido a no preocuparme, ¡tiene que
haber una manera que pueda evitarlo! Y aquí nos topamos con
el mismo principio que he presentado a través del libro: para
evitar la preocupación, tenemos que pensar de manera positiva
a propósito. Si somos pasivos en tiempos difíciles, se nos llenarán las mentes con la preocupación, el miedo y la ansiedad,
pero podemos escoger evitar el estrés de aquellos hábitos que
nos drenan el poder ¡con *decidir* cómo hemos de pensar!

Apóyese en Dios

Es muy importante recordar apoyarse siempre en Dios y pedirle su gracia (fuerza, habilidad) para ayudarle a realizar
cualquier cosa que tiene que hacer. Cuando se trata de renovar la mente y aprender a pensar como Dios piensa, le
puedo decir que meramente "intentar" en nuestra propia
fuerza no funciona. Necesitamos la ayuda de Dios en cada
paso del camino. Nos ha equipado con la "mente de Cristo"
(vea 1 Corintios 2:16). Ha hecho posible para nosotros pensar

correctamente, pero aun necesitamos su ayuda. Dios quiere que estemos totalmente dependientes de Él en vez de ser independientes. Él está esperando ayudarle: ¡sólo pídaselo!

¡Deje de disgustarse consigo mismo!

Disgustarse es hacer infeliz, desilusionar, o preocupar a alguien. También se describe por las palabras *inquietar, perturbar, molestar, agitar, aturdir, alborotar* y *poner nervioso*. No puedo imaginarme que haya alguien que quiera hacerse esto a sí mismo, pero aun así, es exactamente lo que hacemos cuando nos preocupamos. Preocuparse es meditar (pensar) acerca de su problema vez tras vez. Mientras puede que sea sabio contemplar el problema y ponderar si hay alguna acción que debe tomar para mejorar las cosas, no es sabio permitir que el problema *se siente* en su mente como una carga pesada por varios días, interfiriendo con los pensamientos buenos que puede tener en ese momento.

Mientras más nos preocupamos, más tensión experimentamos, y más turbados y enojados nos sentimos. Nuestros pensamientos afectan nuestras emociones, y nos podemos disgustar o nos podemos calmar por causa de lo que pensamos. Si pienso continuamente acerca de las cosas equivocadas, ¡puedo disgustarme tanto que siento que tendría que gritar! Algunas personas dicen: "Siento que pierdo la mente", y es justamente lo que han hecho. Han entregado el control de sus pensamientos al enemigo que está empeñado en matar, robar y destruir (vea Juan 10:10).

Lo esencial que tenemos que comprender es que la preocupación es una pérdida total de tiempo y energía. Crea estrés en nuestros cuerpos, y el estrés a largo plazo tiene efectos secundarios destructivos increíbles.

Cuando nos sentimos emocionalmente disgustados, podemos calmarnos al escoger pensar en algo distinto a nuestros problemas. Invite a un amigo positivo a almorzar, escuche alguna música alegre y reconfortante, o vaya a hacer algo bueno para alguno que tenga una necesidad. He encontrado que leer algún material acerca de los efectos del estrés también puede ser de ayuda. Cuando nos recordamos de los resultados a largo plazo de nuestras acciones, puede que nos ayude a ser lo suficientemente sabios para cambiar la manera en que enfrentamos la vida antes de que hayan daños serios.

Quiero un poco de paz

Por una gran parte de mi vida, no tuve idea alguna de lo que el estrés me estaba causando, pero me enteré cuando por fin comencé a experimentar problemas físicos serios. Estaba trabajando demasiado fuerte y lo había hecho por demasiado tiempo. No dormía lo suficiente, y no le decía que no lo suficientemente a la gente cuando tenía que hacerlo. ¡Mi vida estaba desequilibrada!

Seguía orando por paz y pensando que si la gente y las circunstancias cambiaran, entonces podría tenerla. Finalmente aprendí que era yo la que tenía que cambiar y que realmente no era "mi vida" la que estaba robándome la paz, sino que *yo* era la que la estaba entregando a través de pensamientos y reacciones incorrectas. Mi presión sanguínea estaba alta, me daba dolores de espalda y de cuello a causa de la tensión, dolores de cabeza diarios, reflujo de ácidos, estreñimiento, problemas de sueño, y eventualmente, una incapacidad de relajar los músculos de mi cuerpo, lo cual a última instancia me llevó a buscar algunas contestaciones.

Como la mayoría de nosotros, quería una solución final, así que fui a ver a un médico, esperando tomar una pastilla mágica una vez al día para resolver mi problema. Sin embargo, me disgusté más cuando los doctores me dijeron que aunque mis síntomas eran reales, la raíz de mis problemas era el estrés. En realidad me enojé cuando me lo dijeron, porque veía al estrés como una incapacidad para manejar mi vida. Me había convencido de que era fuerte y estaba en control, y que los doctores simplemente no sabían cuál era el problema, así que lo excusaron tildándolo de "diagnosis de estrés" de lo cual muchos oyen hablar.

Al continuar experimentando más y más problemas, Dios finalmente me hizo darme cuenta poniendo un material en mis manos que realmente me ayudó a entender lo que era el estrés y cómo comenzar a eliminarlo. Tuve que hacer varios cambios de estilo de vida, y si usted está tan estresado hasta el punto que se ha convertido en un problema, tendrá usted que hacer lo mismo.

> *Jesús dijo que cuando estamos trabajados y cargados, ¡nuestra primera respuesta debe ser venir a Él!*

Jesús dijo que cuando estamos trabajados y cargados, ¡nuestra primera respuesta debe ser venir a Él!

> *Vengan a mí todos ustedes que están cansados y agobiados, y yo les daré descanso.*
>
> Mateo 11:28-30 (NVI)

Venga a Jesús, hable abiertamente con Él acerca de la manera en que se siente, y pídale a Él revelarle a usted los cambios que tiene que hacer para poder comenzar a sanar. Se dice que sólo un tonto piensa que puede seguir haciendo lo mismo y obtener un resultado distinto. La oración no siempre resulta en una liberación milagrosa de nuestros problemas. Generalmente resulta en que Dios nos da la sabiduría y nos revela lo que tenemos que hacer (con su ayuda) para efectuar un cambio positivo.

Me gusta esta corta historia que demuestra que la preocupación es una pérdida:

> J. Arthur Rank, un ejecutivo inglés, decidió poner todas sus preocupaciones en un solo día a la semana. Él escogió los miércoles. Cuando cualquier cosa

sucedía que le diera ansiedad y agravara su úlcera, la apuntaba y la colocaba en su caja de preocupaciones y se olvidaba de ella hasta el próximo miércoles. Lo interesante del caso es que cuando llegaba el próximo miércoles y abría la caja de preocupaciones, se dio cuenta que la mayoría de las cosas que lo habían perturbado durante los últimos seis días ya se habían resuelto. Hubiera sido inútil haberse preocupado por ellas.[1]

Una vez cuando fui a Jesús acerca del estrés que estaba sintiendo, Él me dijo: "Joyce, tú piensas demasiado". Yo tengo una mente ocupada y tiendo a pensar que las cosas que había dejado a un lado se resolverían por sí solas.

Mientras he tenido mis reuniones "de careo", he recibido muchas ideas sencillas pero aliviadoras de estrés de parte de Él. Por ejemplo:

- Cambiar mi agenda y dejar un espacio en ella para no terminar ajorada de una cosa a otra sin descanso entre ellas.
- Tomar tiempo para hacer las cosas que me agradan en vez de ser excesiva en cuanto al trabajo, porque no importa por cuánto tiempo trabaje, siempre habrá otro proyecto que realizar.
- Tener un plan, pero no enojarme si mi plan se interrumpe por razones válidas.
- Tomar mejores decisiones acerca de lo que como, porque es verdad que el tipo de combustible que le echo a mi cuerpo determinará cuán bien funciona para mí.
- Tener una hora regular de acostarme y dormir bien.
- No intentar mantener a todos felices todo el tiempo a expensas de vivir con un estrés dañino.
- ¡Decir *no* cuando sea necesario!

Estas son sólo unas pocas cosas útiles que he aprendido y ahora practico diariamente, pero como puede ver, son cosas bastante sencillas. Permítame decir nuevamente que lo primero que debe hacer cuando está listo para recibir ayuda es ir donde Jesús. Él le guiará y le dirigirá hacia un nuevo estilo de vida.

La preocupación causa la muerte prematura

Christy Henrich era una adolescente estadounidense que fue una de los mejores gimnastas del país. Cuando audicionó para el equipo olímpico en 1988, un juez le dijo que estaba muy gorda: Christy medía cuatro pies once pulgadas y sólo pesaba noventa y cinco libras.

Al escuchar la crítica del juez, Christy empezó a dejar de comer. Algunos días sólo se comía una rebanada de una manzana. Y si comía más que eso, se obligaba a sí misma a vomitar para así no aumentar.

Aunque ella no cualificó para el equipo olímpico ese año, Christy llegó a cuarto lugar en las barras paralelas asimétricas en el campeonato mundial tan sólo un año después. Sin embargo, la historia de Christy no tiene un final feliz. Trágicamente, Christy Henrich murió a la edad tierna de veinte y dos años en el hospital de Kansas City. Sus órganos habían fallado, sólo pesaba cincuenta y dos libras.[2]

Una de las cosas de las cuales se preocupa la gente, particularmente las mujeres, es cuánto pesan y cómo se ven. Aunque queremos mantener un peso normal y presentarnos de una manera agradable, no podemos todos estar flacos y parecer como si fuéramos la única persona en el planeta que está exenta del proceso de envejecimiento. Haga lo mejor que pueda, pero no se preocupe acerca del peso y la apariencia. Haga las paces con las partes de su cuerpo que a usted no le interesa y aprenda a restarles importancia mientras saca lo mejor de sus partes fuertes.

Por ejemplo, si no le gusta la forma de su nariz, entonces

asegúrese de lucir un peinado maravilloso. Si no le gusta cómo se le ven las piernas, entonces no se ponga pantalones cortos. ¡Preocuparse no cambiará nada acerca de su apariencia! La mayoría de nosotros no llegaremos al extremo de lo que Christy Henrich hizo y llegar a sufrir la muerte prematura, pero puede que acortemos nuestra esperanza de vida al preocuparnos excesivamente acerca de muchas cosas, incluyendo nuestro peso y apariencia.

Le estoy recomendando que deje de preocuparse y de pensar excesivamente acerca del peso si es un problema para usted. Si come bien, eventualmente pesará lo que se supone que pese. Puede que no pese lo que pesa su amigo flaco, pero como sea, aprenda a abrazarlo y deje de preocuparse. Preocuparse nunca ha hecho que alguien adelgace, pero hay muchas personas que comen cuando están estresadas, así que puede estarle sumando al problema en vez de resolverlo.

Haga una lista de las cosas por las cuales usted se preocupa y ore acerca de ellas diariamente, pidiéndole a Dios que le ayude a echar su ansiedad sobre Él en cada una de las áreas. Mientras surjan en su vida situaciones que normalmente le causarían preocupación, escoja pensar de manera distinta a como lo ha hecho en el pasado.

El estrés puede ser una fuerza positiva que nos ayude a desempeñarnos bien en un deporte o entrevista de empleo. Enfrentado con retos o hasta peligro, el cuerpo se pone en marcha: las hormonas nos inundan, elevando nuestro ritmo cardíaco, aumentan nuestra presión sanguínea, aumentan la energía, y nos prepara para la acción. Los expertos le llaman a esa respuesta instintiva "lucha o huida", pero cuando nos estancamos en ese modo, puede causar consecuencias serias sobre nuestra salud. Mientras más dure el estrés, peor resultará para su mente y cuerpo. Dios nos ha creado para poder manejar cantidades normales de estrés, pero cuando comenzamos a sentir tensión a causa de él, especialmente cuando es crónica, es hora de tomar acción. Dios nos ha dado el regalo maravilloso de la vida, y deberíamos valorizarla lo suficiente como para protegerla.

El detonante de la tensión

Aprenda a reconocer la tensión y permita que eso sea un detonante, o una señal para relajarse a propósito. Paso mucho tiempo escribiendo, y el estrés del pensamiento profundo mientras entro simultáneamente esos pensamientos en la computadora, combinado con estar sentada en la misma posición por muchas horas seguidas, definitivamente pueden causar tensión. El cuello y los hombros comenzarán a dolerme levemente, y si ignoro esa señal, eventualmente el dolor aumentará, y comienzo a sentirme exhausta. Si me levanto a la primera señal de la tensión, tomar un breve receso aunque sea de dos a cinco minutos, y me estiro un poco, me alivia el estrés, y puedo volver a trabajar.

Cuando converso acerca de algo con alguien, y estamos entrando en una discusión acalorada, puedo sentir la tensión mientras cada parte de mi cuerpo comienza a ponerse rígida. He aprendido a permitir que eso sea un detonante o una señal para dejar de hablar o llevar la conversación hacia otra dirección. Si estoy corriendo de una cosa a otra, puede que comience a sentirme tensa o abrumada, y ese es un detonante para mí de ir más despacio.

Todos tenemos estas pequeñas señales que aparecen en nuestros cuerpos, permitiéndonos saber que nos estamos sobrecargando, pero tenemos que aprender a respetarlas. A veces yo las llamo "advertencias". Son como las sirenas que suenan, dejándonos saber cuándo se acerca la tormenta. Para algunos, es como una falta de aliento, un dolor de cabeza, malestar estomacal, o sudoración, pero cualquiera que sea, aprenda a reconocer sus advertencias y respetarlas lo suficiente como para hacer los cambios apropiados.

El valor de la soledad

Una de las cosas que nuestra sociedad carece es estar a solas. Vivimos en un mundo ruidoso, ocupado y de mucha presión, donde se espera más de nosotros de lo que posiblemente podemos hacer. Es más que probable que el mundo no cambiará, pero nosotros sí podemos. Una de las cosas principales que combaten y compensan el estrés es la soledad. ¡¡¡¡Me encantan los momentos de tranquilidad!!!! Pero hubo un tiempo en que me ponía inquieta si había demasiado silencio, pero era adicta al ruido y la actividad. He descubierto que aunque sólo sean cinco minutos de silencio y soledad pueden restaurar mi alma a un lugar de reposo y aliviarme el estrés. Me da tiempo para realmente respirar profundamente y no hacer nada.

Si programamos más tiempo de soledad y silencio para nosotros, seguramente podríamos tener menos citas médicas. Si usted es como era yo, puede que tenga que desarrollar una habilidad de estar callado. Si es difícil para usted, entonces comience con unos pocos minutos tres o cuatro veces al día y gradualmente aumente su nivel de tolerancia. Mis momentos favoritos de la vida, y los que me fortalecen, son los de la mañana antes de que todos se despierten, y de la noche cuando todos los demás se han dormido. No es que no disfrute de la gente, porque la disfruto mucho, pero un poco de tiempo de silencio en la mañana me ayuda a prepararme para estar con la gente, y tiempo de silencio en la noche me ayuda a recuperarme de haber estado con ella también. Como todos sabemos, no todas las personas son llevaderas, y como nunca sabemos qué nos puede traer el día, ¡es mejor estar listo espiritualmente!

> Nunca he encontrado un compañero tan sociable como lo es la soledad.
>
> Henry David Thoreau, *Walden*

Tendemos a pensar que nuestra existencia sólo se justifica cuando estamos *haciendo* algo, pero eso no es cierto. ¡Somos *seres* humanos, no *hacedores* humanos! Dios no nos ama más cuando estamos haciendo algo que cuando estamos disfrutando del silencio. Nuestras ocupaciones nos hacen sentir importantes, pero no nos hace más importantes para Dios.

Finalmente tuve que enfrentar la realidad que me sentía más aceptable cuando estaba trabajando que en cualquier otro momento. Un poco de eso proviene de mi niñez abusiva, un poco de mi temperamento fuerte y orientado al trabajo, pero ninguno podría ser una excusa para no cambiar. Cualquiera que haya sido la razón, el resultado era el mismo. Demasiada actividad sin soledad alguna me dañaba el futuro y me impedía disfrutar del presente. Permítame detenerme y decirle "Gracias" a mi Padre celestial por haberme revelado que Él no me había creado para meramente "hacer", sino también para "ser".

¡Piénselo!

- Sus pensamientos y niveles de estrés están estrechamente relacionados.
- Preocuparse sólo empeora el problema. Crea lo mejor y confíe en Dios para resolver cada situación.
- Para evitar el estrés y la preocupación, elija pensar positivamente a propósito.
- Lo primero que debe hacer cuando usted está listo para recibir ayuda es venir a Jesús. Él le guiará y dirigirá a un estilo de vida saludable.
- Haga una lista de las cosas que le preocupan a usted y ore sobre esa lista diariamente. Eche su ansiedad en el Señor.

CAPÍTULO 15

La conexión de la mente y el cuerpo

No hay duda de que las cosas que creamos tienen un efecto tremendo sobre nuestros cuerpos. Si podemos cambiar nuestra manera de pensar, el cuerpo se cura a sí mismo con frecuencia.

Dr. C. Everett Koop

Nuestros cuerpos son como automóviles que Dios nos proporciona para conducir dentro de ellos alrededor de la Tierra. Si queremos que ellos funcionen a su capacidad máxima y duren mucho tiempo, tenemos que elegir pensar en formas que les ayudarán. Todos nuestros pensamientos, sean buenos o malos, tienen un efecto en nuestro ser físico. La mente y el cuerpo están definitivamente conectados.

Hoy pasaré el día con una amiga cercana a quien no veo muy a menudo y estoy muy entusiasmada por esto. Todos mis pensamientos son pensamientos felices, y he notado que me siento físicamente mejor desde hace unos cuantos días. No necesariamente me sentía mal antes, pero ¡hoy me siento muy bien! Mi nivel de energía ha aumentado y me siento fuerte. También he estado lidiando con un problema menor de salud que ha persistido durante ocho semanas, pero nadie ha podido proporcionarme un diagnóstico preciso o recetarme algo para que pueda mejorar. Anoche me encontré con un nuevo síntoma que arrojó luz sobre el problema y ahora sé qué hacer para mejorar. He reemplazado el razonamiento y la preocupación con la esperanza, y también me ha aumentado la energía.

> Los pensamientos esperanzadores y positivos aumentan la energía, mientras que los negativos la drenan.

Los pensamientos esperanzadores y positivos aumentan la energía, mientras que los negativos la drenan. El cansancio físico no siempre es el resultado de un pensamiento equivocado. Desde luego, podemos tener una dolencia o enfermedad que conduce a una pérdida de energía, o incluso podemos despertarnos cansados sin ninguna razón. La semana pasada me dio un virus estomacal por tres días y me sentía muy mal. Estaba cansada y débil, y no fue por causa del pensamiento equivocado. Las cosas no siempre suceden por la misma razón, pero sí sé, y la tecnología médica y científica lo verifican, que la mente y el cuerpo tienen una conexión cercana y que nuestros pensamientos tiene un efecto directo sobre nuestro cuerpo.

La doctora Caroline Leaf ha escrito exclusivamente sobre el tema. En su libro *Switch On Your Brain* [Encienda su cerebro], ella dice:

> La investigación muestra que el setenta y cinco al noventa y ocho por ciento de las enfermedades mentales, físicas y de comportamiento provienen de la vida mental de una persona. Esta estadística asombrosa sugiere que sólo de dos a veinticinco por ciento de las enfermedades mentales y físicas provienen del medio ambiente y los genes…
>
> Es posible que tengamos un conjunto fijo de genes en nuestros cromosomas, pero cuál de estos genes está activo y cómo se activa tiene mucho que ver con la forma en que pensamos y procesamos nuestras experiencias. Nuestros pensamientos producen palabras y comportamientos, que a su vez

estimulan más pensamientos y decisiones que construyen más pensamientos en un ciclo sin fin.

Reaccionamos constantemente a las circunstancias y a los acontecimientos, y al continuar este ciclo, nuestros cerebros se forman por el proceso o en una dirección positiva y de buena calidad de vida, o una dirección negativa y de alta calidad de vida. Así que es la calidad de nuestros pensamientos y acciones (conocimiento) y reacciones que determinan la "arquitectura de nuestro cerebro": la forma o diseño del cerebro y la calidad resultante de la salud de nuestras mentes y cuerpos.

La ciencia y la Escritura muestran ambas que estamos conectados para el amor y el optimismo, y cuando usted reacciona por pensar negativamente y tomar decisiones negativas, la calidad de nuestros pensamientos sufre, lo cual significa que la calidad de nuestra arquitectura cerebral sufre. Es reconfortante y a la vez desafiante saber que el pensamiento negativo no es lo normal...

El pensamiento tóxico desgasta al cerebro.

El instituto de HeartMath, una organización investigativa internacionalmente reconocida sin fines de lucro que ayuda a la gente a reducir el estrés, discute un experimento titulado "Efectos locales y no locales de las frecuencias cardíacas coherentes en los cambios conformacionales del ADN". Este estudio mostró que pensar y sentir ira, miedo y frustración causan que el ADN cambie de forma según el pensamiento y los sentimientos. El ADN respondió apretándose y volviéndose más corto, apagando muchos códigos de ADN, lo cual redujo la expresión de calidad. Así mismo nos sentimos apagados por las emociones negativas, y nuestro cuerpo siente esto también. Pero aquí está lo grande: ¡el cierre negativo o la calidad pobre de los códigos de ADN se invirtió por sentimientos de amor, alegría, aprecio y gratitud! Los investigadores también encontraron que los pacientes VIH positivos que tuvieron pensamientos positivos y sentimientos tenían 300 000 veces más la resistencia a la enfermedad que aquellos que no tenían sentimientos positivos. Así que la conclusión aquí es que cuando operamos en nuestro diseño normal de amor, lo cual es ser conformados a la imagen de Dios (Génesis 1:26), somos capaces de cambiar la forma de nuestro ADN para mejor.

Así que cuando tomamos una decisión de una calidad pobre, cuándo optamos por participar en pensamientos tóxicos (por ejemplo, la falta de perdón, amargura, irritación, o sentimientos de poder hacer frente a lo que sucede), cambiamos el ADN y la expresión genética subsecuente, la cual entonces cambia la forma del cerebro nuestro conectándose en una dirección negativa. Esto pone al cerebro en un modo de protección inmediatamente, y el cerebro traduce estos pensamientos tóxicos de pobre calidad en estrés. Este estrés entonces se manifiesta en nuestros cuerpos. Pero la parte más emocionante de este estudio fue la esperanza que mostró porque la actitud positiva, la buena decisión, conectó nuevamente todo a su estado original, saludable y positivo. Los científicos básicamente comprobaron que podemos renovar nuestras mentes...

[Aquí las dos estadísticas poderosas confirmando esto] de que la enfermedad mental y física proviene de la vida del pensamiento:

- Un estudio de la Asociación Médica Americana encontró que el estrés es el factor en el setenta y cinco por ciento de todas las enfermedades que la gente padece hoy.
- La asociación entre el estrés y la enfermedad es un colosal ochenta y cinco por ciento.

El punto principal de esta [información] es que la mente controla la materia. Si entendemos esto, tenemos un potencial enorme de llegar a la salud óptima. Si no lo entendemos, seremos nuestros peores enemigos.[1]

Los pensamientos positivos mejoran la salud

Hace muchos años una mujer me compartió una experiencia de recibir sanación de la artritis, y eso es bastante asombroso. Había padecido grandemente por muchos años con la dolorosa artritis en varias coyunturas del cuerpo. La medicina le ayudó algo, pero nada le trajo una sanación verdadera hasta que oyó la enseñanza acerca de los efectos devastadores de la amargura y el enojo sin resolver. Había sido lastimada por su madre y literalmente la odiaba. Los pensamientos en los cuales meditaba frecuentemente acerca de su madre estaban afectando negativamente de maneras las cuales ella no estaba consciente.

Mediante las enseñanzas de Jesús acerca de la necesidad de perdonar a nuestros enemigos, ella halló la gracia para hacerlo, y en el transcurso de los próximos meses, se dio cuenta que el dolor de la artritis gradualmente se desaparecía. La inflamación y la rigidez en sus coyunturas disminuían y continuaron así hasta que se sanó por completo. No insinúo que cada persona que padece de artritis está llena de amargura, pero en este caso ella lo estaba, y la sanación que ella buscaba no podía llegar hasta que ella se liberara de la misma.

Más y más estudios comprueban que el cuerpo

físico responde negativamente a los pensamientos negativos y responde positivamente a los pensamientos positivos. Cada parte del cuerpo humano tiene que hacer un papel crítico, y si una parte funciona de una manera dañina, entonces el cuerpo entero puede sufrir las consecuencias a menudo; es lo mismo cuando una parte del cuerpo funciona de una manera saludable.

Recientemente, leí una historia acerca de un hombre llamado Ed. Ed recuerda haber tenido un malestar estomacal de niño y su abuela le preguntó si tenía un problema en la escuela. Lo que ella sabía instintivamente hemos comenzado a comprobarlo científicamente: hay una relación íntima y dinámica entre lo que sucede en nuestros sentimientos y pensamientos con lo que sucede en nuestro cuerpo.

Un especial de la revista *TIME* mostró que la felicidad, el optimismo y el contentamiento "parecen reducir el riesgo o el límite de la severidad de la enfermedad cardiovascular, enfermedad pulmonar, diabetes, hipertensión, resfriados e infecciones respiratorias", mientras que "la depresión, el extremo opuesto a la felicidad, puede empeorar la enfermedad cardiovascular, diabetes y todo un ejército de otras enfermedades".[2]

Examinando los pensamientos y emociones negativos

Cuando se siente irritado o frustrado, ¿dónde experimenta esos sentimientos en su cuerpo? Cuando va tarde a una cita, ¿siente un dolor o malestar en el estómago? ¿Se le tensan los músculos cuando tiene que esperar en una fila larga y nadie está apurado, sólo usted? Cuando se entera que alguien a quien usted confió un secreto lo ha contado, ¿experimenta falta de aliento al volverse más y más ansioso? ¿Qué sucede en su cuerpo cuando se vuelve más ansioso y enojado? ¿Le ha prestado atención realmente a cómo se siente físicamente cuando experimenta pensamientos y emociones negativos? Si no, podría ser un proceso educativo del cual usted podría aprender mucho. ¿Qué sucede con su ritmo cardíaco? ¿Le da dolor de cabeza o en el cuello, o comienza a sudar?

He observado que cuando tengo algo en la mente que me está presionando, no duermo tan bien como de costumbre y luego al día siguiente me siento cansada. No me gusta para nada cuando alguien me da un problema de noche sin que luego pueda resolverlo hasta el día siguiente. Me gusta lidiar con los problemas inmediatamente y sacarlos de mi mente. El apóstol Pablo nos dice que no debemos dejar que el sol se ponga sobre nuestro enojo (vea Efesios 4:26), y creo que lo mejor es tampoco permitir que suceda la mismo con nuestras preocupaciones.

Memorias

Prestarle atención a las memorias le afecta a usted. Si dejo que vague mi mente hasta los instantes específicos cuando mi padre me abusaba o golpeaba a mi madre, o cuando gritaba en enojo, o el miedo que experimentaba constantemente durante mi niñez, mi cuerpo responde con rigidez y me aprieto los dientes. No me permito hacerlo a menudo, pero ha habido ocasiones en que mi mente ha vuelto a una memoria incorrecta, y tengo que recuperarla rápidamente antes de que me atrape en un lugar doloroso que no es saludable. Las buenas memorias tienen el efecto opuesto. Producen paz y relajación, las cuales cooperan ambas con las propiedades sanadoras que Dios ha puesto en nuestros cuerpos. Si permito que mis pensamientos de hoy estén enfocados en lo que me fue mal ayer o en los errores que he cometido, sólo me mataría la fuerza de hoy. Por algo el apóstol Pablo dijo que una de sus grandes inspiraciones era olvidar lo que quedaba atrás y proseguir hacia la meta (vea Filipenses 3:12-14). Tal vez conocía hace dos mil años de lo que nos estamos enterando hoy. Vez tras vez, la Palabra de Dios nos instruye a recordar las cosas buenas que Dios ha hecho por nosotros. Sospecho que Dios también conocía lo que los científicos y químicos apenas están descubriendo acerca de cómo los pensamientos afectan al resto de nuestras vidas. A la verdad que Dios es inteligente, ¡y qué pena que no haya más personas escuchándolo a Él y creyendo lo que Él dice! Siempre me río cuando un "descubrimiento científico" revela algo que Dios reveló en su Palabra hace siglos.

Veamos unos cuantos ejemplos de esto en la Palabra de Dios:

Dios les dijo a los israelitas que *recordaran* que fueron una vez esclavos en Egipto, y cómo los había redimido y liberado (vea Deuteronomio 24:18). Estoy segura que cuando fueron liberados, fue una ocasión extremadamente gozosa, y recordarlo a menudo seguramente les ayudaría de muchas maneras.

Ester puso su vida en peligro cuando fue delante del rey Asuero sin haber sido llamada, para suplicar por las vidas de los israelitas a quienes Amán planificaba en secreto destruir. Cuando funcionó el plan de ella y todos se salvaron, la gente tomó la decisión de celebrar una fiesta de dos días para *recordar* lo que Dios había hecho por ellos (vea Ester 9:27-29).

Cuando David estuvo luchando con la depresión, *recordó* a propósito una vez cuando él guió al pueblo con gritos y alabanza (vea Salmo 42:4-5). Estoy segura que David aplicó el mismo principio que le estoy sugiriendo. Él pensaba acerca de las cosas que lo hacían feliz para poder despojarse de la depresión que experimentaba.

David encontró la clave a la satisfacción. Él dijo:

> *Como de meollo y de grosura será saciada mi alma,*
> *y con labios de júbilo te alabará mi boca, cuando me*
> *acuerde de ti en mi lecho, cuando medite en ti en las*
> *vigilias de la noche. Porque has sido mi socorro, y así*
> *en la sombra de tus alas me regocijaré.*
>
> Salmo 63:5-7

Hay muchos casos en la Biblia cuando Dios instruyó a su pueblo a recordar, relatar y traer a la memoria sus hechos poderosos y las cosas que Él había hecho por ellos. Cuando no lo hacían, perdían el aprecio, se volvían egoístas e independientes, y siempre volvían a las ataduras. Recordar las cosas buenas en la vida ciertamente ayuda y nos mantiene en el feliz camino de la gratitud. El simple hecho es que la gente agradecida es gente feliz, y la gente feliz a menudo son más felices que la gente triste, desanimada, desesperanzada y deprimida.

La conexión de la mente y el cuerpo es un hecho comprobado, y nos da una manera fácil y económica de mantener la buena salud. Cualquiera puede tener pensamientos positivos y buenos si así escogen hacerlo.

Me encanta que puedo mejorar mi salud al pensar en cosas mejores. Nadie quiere ser una víctima, y ciertamente no queremos ser victimizados por nuestros pensamientos. Aprender a pensar a propósito y de manera agresiva en vez de manera pasiva, proveyéndole un espacio vacío para que lo llene el diablo, es la manera de salir victorioso en vez de como víctima. Pídale a Dios que le ayude, y comience hoy en el camino hacia una mente y cuerpo más sanos.

¡Piénselo!

- Pensamientos positivos y esperanzados aumentan sus niveles de energía.
- Confronte los asuntos preocupantes inmediatamente. Lidie con ellos, negándose a permitir que la preocupación afecte su espíritu, alma y cuerpo.
- En vez de enfocarse en lo que está mal, fije su mente en lo que está bien: las cosas buenas que Dios ha hecho en su vida.
- La gente agradecida es gente feliz, y la gente feliz es gente más saludable.

CAPÍTULO 16

La conexión de la mente y el desempeño

Todas las cosas están listas, si lo están nuestras mentes.
William Shakespeare, *Enrique V*

Aprender acerca de la conexión de la mente y el desempeño no curará necesariamente todas nuestras enfermedades y convertirnos en superhéroes, pero sí podemos mejorar nuestras vidas de muchas maneras al aprender cómo pensar apropiadamente. No tan sólo la mente afecta el cuerpo, sino también afecta nuestro desempeño en todas las áreas de la vida. Si va a una entrevista para un empleo, estoy segura que usted quiere desempeñarse bien y lucir confiado y capaz. Ninguna compañía quiere contratar a alguien que no tiene confianza de poder hacer el trabajo para el cual solicita. Los pensamientos que tiene antes de la entrevista determinarán, por lo menos en gran parte, cómo usted se desempeñará durante la entrevista.

Si una persona le teme al fracaso y va a la entrevista con dudas de conseguir o no el trabajo y teniendo todo tipo de pensamientos que minimizan su capacidad, seguramente no será contratado. Aquí hay dos maneras distintas en que Víctor podría pensar si fuera a una entrevista para un empleo:

- **Opción 1:** Varios días antes de la entrevista, Víctor piensa: *Dudo que me contraten. Rara la vez que gane en algo. Soy tímido y me falta confianza en mí mismo, y tengo miedo que se* *den cuenta. Me suspendieron de mi empleo pasado, y dijeron que no fue nada personal, solo recortes a nivel de toda la compañía, pero sé que simplemente no les caía bien. Estoy tan nervioso; espero no temblar frente al entrevistador.*

Si estos son los pensamientos de Víctor, también saldrán en una conversación y hasta harán más daño que los pensamientos por sí solos. Cuando llega a la entrevista, se desempeñará precisamente conforme a la manera en que sus pensamientos le han preparado para desempeñarse. ¡Víctor no será contratado!

- **Opción 2:** Varios días antes de la entrevista, Víctor piensa: *Creo que Dios me dará el favor cuando vaya a la entrevista y me contratarán. Estoy confiado en Dios. Yo creo que Él está conmigo en todo tiempo y permite que me desempeñe en cualquier tarea que tenga que ejecutar. Soy buen trabajador y estoy dispuesto a aprender. Tengo muchas expectativas de la entrevista, y creo definitivamente que si es el trabajo preciso para mí, ¡me contratarán!*

  Si estos son los pensamientos de Víctor, entrará a la entrevista con la frente en alto y con una sonrisa. Mirará al entrevistador a los ojos y no permitirá que su mirada se desvíe de lado a lado debido al miedo y a la inseguridad. Contestará las preguntas de manera honesta y calmada. Trasmitirá sinceramente que le encantaría tener el trabajo y que está listo para trabajar fuertemente y aprender. El entrevistador sentirá la confianza y sinceridad de Víctor, y será una de las personas que definitivamente será fuertemente considerado para el puesto.

William Shakespeare dijo: "Todas las cosas están listas, si lo están nuestras mentes".[1] Un trabajo le espera a Víctor, ¡pero su mente tiene que estar lista

> *El éxito nos espera a todos, pero nunca lo obtendremos si pensamos cómo podemos fallar.*

para recibirlo! El éxito nos espera a todos, pero nunca lo obtendremos si pensamos cómo podemos fallar.

Aquí unas citas en las cuales puede meditar que pueden ser de ayuda:

> Tiene que esperar cosas de usted mismo antes de poderlas hacer.
>
> Michael Jordan[2]

> He aprendido que su mente puede asombrar a su cuerpo si tan sólo se sigue diciendo a sí mismo: puedo hacerlo...puedo hacerlo...puedo hacerlo.
>
> Jon Erickson[3]

> Nunca permita que el miedo a *poncharse* se interponga en su camino.
>
> Babe Ruth[4]

> A veces, el problema más grande está en su cabeza. Tiene que creer que puede hacer el tiro al hoyo en vez de estarse preguntando de dónde vendrá su próximo mal tiro.
>
> Jack Nicklaus[5]

> La parte más importante del cuerpo de un jugador está encima de los hombros.
>
> Ty Cobb[6]

Cada una de las personas citadas arriba es un atleta. Han aprendido que no pueden ser exitosos en su deporte si no pueden controlar sus pensamientos. ¡Un desempeño exitoso requiere pensamientos exitosos!

Para poder desempeñarse exitosamente, un atleta tiene que entrenar su mente y su cuerpo. Tiene que tener la habilidad de mantenerse enfocado bajo presión y no permitir que los pensamientos contraproducentes y de temor le minen la cabeza. Si un bateador en un juego de pelota escucha al árbitro gritar:

"¡*Strike* uno!", él no puede pensar: *Tengo miedo de poncharme*. Él tiene que creer que tendrá éxito la próxima vez que intente darle a la pelota. Aún si termina ponchado, debería pensar: *Le voy a dar la próxima vez que batee*.

Un individuo excesivamente religioso que tiende a ser crítico, tal vez diga: "Joyce, usted está enseñando meramente del "control de la mente", ¡y creo que simplemente tenemos que creerle a Dios!". Claro que creo que tenemos que creerle a Dios, pero la verdad es que también podemos tomar la decisión de controlar nuestras mentes para que nuestros pensamientos se alineen con la voluntad de Dios. Somos socios de por vida con Dios y podemos seguir las directrices que Él ha establecido en su Palabra. Una de esas directrices es que aprendamos a pensar cómo Él piensa, ¡para que seamos y tengamos lo que Él desea!

Ciertamente no podemos controlar todo nuestro desempeño y nuestras reacciones a las cosas pensando de cierta manera. Al fin y al cabo, Dios está en control, y somos exitosos al depender y confiar en Él, y no meramente pensando positivamente. Sin embargo, no hay nada en ningún tipo de pensamiento negativo que pueda ayudarnos de manera alguna. Aunque yo fuera una jugadora de béisbol (la cual no soy), y pensaría que voy a dar un cuadrangular pero termino ponchada, al menos no me estaría drenado la energía para la próxima oportunidad mediante hábitos mentales de derrota y que drenan energía.

Piense en lo que quiere, no en lo que tiene

Seguramente, mientras Moisés dirigía a los israelitas por el desierto hacia la Tierra Prometida, él pensaba acerca de lo que podrían tener, no en lo que habían tenido previamente. Antes de que Dios los liberara, fueron oprimidos como esclavos en Egipto y habían sido muy maltra-tados. Pero mientras viajaban a un lugar mejor, uno de los malos hábitos que tenían era desanimarse

¡Su vida no puede seguir adelante si su mente retrocede!

durante los tiempos difíciles y pensar acerca de las pocas cosas insignificantes que sí tuvieron de esclavos. ¡Su vida no puede seguir adelante si su mente retrocede!

> *Pues si hubiesen estado pensando en aquella de donde salieron, ciertamente tenían tiempo de volver.*
>
> Hebreos 11:15

Mire hacia adelante en su manera de pensar. No se enfoque en sus fracasos y desilusiones, ¡porque hay una victoria esperando por usted! Cualquier gran atleta ha desarrollado la habilidad de pensar en la próxima jugada exitosa que espera y no en la fallida que tuvo. Puede que examine su desempeño "menos que estelar" para así aprender de él, pero no tiene que revolcarse en la negatividad del mismo.

Puede que usted no quiera ser un atleta, pero sí quiere desempeñarse en cualquier cosa que realice, y los principios de cómo la mente afecta nuestro desempeño en todas las áreas de la vida básicamente son todas iguales.

Entrenamiento de fuerza

Para que pueda yo desempeñarme a nivel óptimo, he descubierto que tengo que entrenar y hacer ejercicios regularmente. Sé que algunos de ustedes tal vez se encogen cuando digo "ejercicio", pero puede relajarse, porque no le voy a convencer de hacer ejercicios. Sí creo que es beneficioso para todos, pero en este caso quiero extraer un principio que estoy aprendiendo acerca de cómo mi mente afecta mi vida personal durante mis sesiones de entrenamiento.

He estado entrenando regularmente con un entrenador desde hace diez años, porque quiero estar lo más en forma que pueda estar para la obra que Dios me ha llamado a hacer. Me fue difícil al principio mantener la rutina porque nunca había hecho ejercicios, y todo lo que hacía me dejaba extremadamente adolorida (a veces con mucho dolor). No exagero al decir que creo que estuve adolorida, por lo menos en un lugar de mi cuerpo, por casi dos años. Muy a menudo la gente tiene una meta, pero cuando experimentan la inconveniencia, el malestar, o el sacrificio, retrocede en vez de continuar hacia adelante. Tuve que aprender a creer que podía hacer los ejercicios que se me estaban dando, y me asombraba aprender cuán rápido nuestros cuerpos se adaptan a hacer cosas nuevas que nunca hemos hecho antes. Ahora hago los ejercicios con facilidad que hace unos años me hacían reírme de incredulidad cuando mi entrenador me los describía al principio. He aprendido a no pensar y decir: "No puedo hacer eso", sino reemplazar aquel pensamiento contraproducente con uno que me lo permite. Ahora pienso: *Puedo aprender a hacer eso.* ¡Mi desempeño se mejora por mi manera de pensar!

Una de las mejores cosas que mi entrenador me dijo una y otra vez fue enfocar mi mente en el músculo que estaba trabajando. Él dijo que en realidad obtendría más beneficio de él si lo hacía. Tuve dificultad para aprender a hacer esto, porque mi mente está a menudo en otra cosa. Hago las cosas con rapidez y con el ejercicio no era diferente, pero me decía continuamente que tenía que reducir la velocidad y enfocarme si quería obtener el valor total de mis esfuerzos. Por fin he mejorado mucho en esa parte, pero estoy trabajando todavía para enfocarme en el músculo que estoy trabajando. No importa lo que estemos haciendo, se requiere el enfoque para tener un rendimiento óptimo. Tenemos que controlar nuestros pensamientos, porque los pensamientos afectan el desempeño. Cuando nos disciplinamos a nosotros mismos a enfocarnos en lo que hacemos, nos desempeñamos con un mayor grado de precisión y excelencia. El enfoque, en realidad, ayuda a liberar la fuerza que tenemos, y el enfoque

> *No importa lo que estemos haciendo, se requiere el enfoque para tener un rendimiento óptimo.*

es sencillamente dirigir sus pensamientos a lo que hace actualmente.

Desempeñarse bien no es meramente una cuestión de deseo, sino que también requiere disciplina. No hay escasez de personas al comenzar las cosas. Tienen celo cuando empiezan, pero les comienza a faltar la disciplina para continuar hasta obtener el resultado deseado. Ellos tienen grandes ideas, pero no el suficiente enfoque disciplinado para continuar. Dave y yo conocemos a un hombre que opera y es dueño de un gimnasio. La gente paga una cuota mensual o anual para hacerse miembro y se pueden ejercitar tan a menudo como les gustaría. Su cuota se cobra directamente de su cuenta bancaria o a su tarjeta de crédito. Me dijo él que de todas las personas que se inscriben y pagan regularmente, sólo el cuarenta por ciento de ellos aparece para hacer ejercicio.

Uno podría preguntarse por qué siguen pagando la cuota si no irán al gimnasio. Pienso que es porque los hace sentir mejor pensar que tal vez vayan, o planifican ir, aunque en realidad nunca lo hacen. *Mañana* tal vez sea una de las palabras más peligrosas en el español. Nos consolamos a nosotros mismos en nuestra falta de disciplina con la promesa de hacerlo mañana. Hoy pensamos que iremos mañana, pero cuando llegue el mañana, nos da pavor ir y lo posponemos por un día más.

Una de las razones por las que a menudo no continuamos y completamos lo que comenzamos es porque nos resulta más difícil de lo que habíamos imaginado que sería. Cuanto más hace cualquier cosa, más fácil será. Dios nos ha dado una capacidad asombrosa de adaptarnos a cosas nuevas. Por ejemplo: Un empleado nuevo que fue contratado para el equipo de carretera puede encontrar que se cansa mucho del viaje y le es difícil al principio, pero después de un tiempo se convierte en parte de su rutina normal. Y si se queda en casa por mucho tiempo, está ansioso por volver a la carretera. Si usted está a mitad de hacer algo que es nuevo para usted y le resulta difícil, le insto a darle tiempo antes de darse por vencido. Si nos damos por vencidos demasiado rápido, a menudo nos perdemos algunas de las mejores cosas de la vida.

El pavor y el rendimiento

Los pensamientos que nos dan pavor de hacer algo que tenemos que hacer son contraproducentes. No voy a permitir que me dé pavor ir al gimnasio. Estoy comprometida a ir, así que ¿por qué debo hacerme la miserable por el pavor a lo que ya sé que voy a hacer? No voy a permitir que las cosas más comunes que tengo que hacer me den pavor, tan sólo porque sé que si me dan pavor, será difícil para mí hacerlas con una buena actitud.

¿Cuántas cosas le dan pavor hacer sabiendo que tiene que hacerlas de todos modos? Posiblemente más de lo que se ha dado cuenta, y por el pavor de hacerlas, usted está afectando negativamente su propia capacidad de actuar, al igual que su habilidad de hacer lo que disfruta hacer. Cuando a usted le da pavor hacer algo, todas las habilidades naturales que usted utiliza para llevar a cabo la tarea se ven obstaculizadas por los pensamientos incorrectos. Nuestros pensamientos nos pueden ayudar en nuestro desempeño o nos pueden obstaculizar, y depende de nosotros cuál de ellos será.

En lugar de que le dé pavor cualquier tarea que tiene ante usted, por qué no piensa de esta manera: *Esto es algo que tengo que hacer, y puedo hacerlo, y lo haré con una buena actitud. Me niego a que las tareas diarias me den pavor, y no voy a permitir que pensamientos erróneos me roben la capacidad para desempeñarme fuertemente y bien.* La gente a menudo anuncia todas las cosas que le dan pavor a cualquiera que esté dispuesto a escuchar.

"Me da pavor limpiar la casa". "Me da pavor manejar en el tráfico cada mañana y cada noche al ir y venir del trabajo". "Me da pavor ir al trabajo porque detesto mi empleo". "Me da pavor ir al dentista" (bueno, tal vez está bien que eso le dé pavor). La lista no tiene fin acerca de las cosas podemos o no dejar que nos den pavor, o escoger un enfoque con una actitud mental que en realidad nos ayude.

Tener pensamientos de *sí puedo*, y no pensamientos de *no puedo*.

Tener pensamientos de *me encanta*, y no pensamientos de *lo detesto*.

Tener pensamientos de *no puedo esperar a*, y no pensamientos de *me molesta*.

Ahora es el momento de pensar mejor para que se pueda desempeñar mejor. Saque el máximo partido de sus habilidades y talentos. Dios se los ha dado a usted, y usted le puede glorificar con ellos al desempeñarse en los niveles óptimos.

¡Piénselo!

- No sólo la mente afecta nuestro cuerpo, sino que también afecta nuestro rendimiento en todas las áreas de la vida.
- El éxito nos espera a todos, pero nunca lo tendremos si pensamos en cómo podemos fallar.
- Remplace los pensamientos contraproducentes con los pensamientos habilitadores para así desempeñar al más alto nivel.
- El buen desempeño no es sólo una cuestión de deseo, sino también de disciplina.
- Si nos damos por vencidos demasiado rápido, a menudo nos perdemos algunas de las mejores cosas de la vida.

CAPÍTULO 17

¿A dónde se me fue toda la energía?

Las metas le ayudan a canalizar su energía en acción.
Les Brown

Yo creo que Dios nos da a cada uno la capacidad y la energía correspondiente que nos ayudará a cumplir con nuestro destino. No nacemos cansados y apáticos. Un bebé recién nacido parece querer hacer algo e ir a algún lugar desde el momento en que nace. Si fuera apático y no tuviera energía lo llevaríamos al médico. Si le falta energía, ¡usted debería buscar la raíz del problema! Muchos de nosotros nos comportamos como si la energía en nosotros se hubiera marchado. Cuando eso sucede, yo creo que puede ser debido a pensamientos fallidos en algún área de nuestra vida. Podríamos estar atravesando por una temporada en la que estamos cansados de lo que estamos haciendo, pero eso no es una indicación de que vamos a comenzar a hacerlo de una manera poco entusiasta. Hace una semana, me sentí tan cansada físicamente que no podía controlar mis pensamientos, tan bien como debía haberlo hecho, ¡y pensé en el retiro! Tomé un día libre y al día siguiente pensé: *¿Qué pienso que haría conmigo misma si me retirara? AMO LO QUE HAGO.* Es importante no reaccionar de forma exagerada a las emociones, ya que pueden caerse un día y levantarse al siguiente.

Todos nos cansamos a veces de lo que hacemos. Las mamás

se cansan de cuidar a los niños, limpiar la casa y cocinar. La secretaria de la oficina se cansa de su empleo, y el presidente de la corporación se cansa de tener tanta responsabilidad todo el tiempo. Los niños se cansan de ir a la escuela, y se cansan de ser niños. Ellos quieren crecer y manejar sus propias vidas, mientras que los adultos desean a menudo que tuvieran menos decisiones que tomar y ser más como los niños. La gente en el ojo público quiere más privacidad y ser *normal,* y la gente normal quiere ser conocida y reconocida en público.

¡Las únicas personas que tienen éxito en la vida son las que pueden hacer lo que saben que es importante con o sin estímulo emocional para motivarlas! Cuando su energía se haya marchado, necesita levantarse y recuperarla.

> Cuando su energía se haya marchado, necesita levantarse y recuperarla.

No nos cansaremos de hacer lo que hacemos en la vida si somos más cuidadosos en cuanto a la forma en que pensamos acerca de nuestras propias vidas. Mientras más apreciativa soy por la vida que tengo, más voy a disfrutar de vivirla.

Recientemente he oído hablar de un hombre que tuvo que ser despedido del trabajo, y no era por falta de ser calificado. En realidad, era muy calificado para el puesto y había trabajado en la compañía durante varios años, pero se había vuelto malagradecido y desarrolló una actitud de creerse con derechos. Sus pensamientos estaban tan llenos de lo que él pensaba que debía recibir y no lo estaba recibiendo, y cuánto mejor trabajo podría hacer si él fuera el gerente del departamento en lugar del hombre en su puesto. Pensaba que se le estaba pasando por alto y siendo maltratado, y esto llenó su corazón con contienda y amargura. La verdad era que tenía un muy buen trabajo con grandes beneficios.

Esperemos que él aprenda de esta experiencia y se dé cuenta que su pensamiento negativo influyó en su actitud y comportamiento. Si puede enfrentarse a la verdad, entonces no tendrá que seguir cometiendo el mismo error una y otra vez a lo largo de su vida. Con demasiada frecuencia, las personas así van por la vida culpando a otros por la totalidad de sus desilusiones, y nunca son capaces de cambiar porque nunca asumen la responsabilidad de sus acciones. Al principio duele menos arremeter en contra de alguien más, que hacer una seria introspección y enfrentarse a la verdad.

Él puede que haya creído que sus pensamientos eran privados y que nadie sabía cómo se sentía, pero exactamente lo contrario, era cierto. Lo que está en nuestros corazones sale de nuestras bocas y se muestra en nuestras actitudes y comportamientos. Insinuaba con regularidad que el gerente del departamento no hacía un buen trabajo. Una falta de gratitud de su parte dio lugar a una pérdida de celo y entusiasmo con respecto a su trabajo. En lugar de hacer el trabajo excelente que hacía una vez, en sus mejores momentos hacía un trabajo mediocre. Este tipo de situaciones me entristecen. Veo las capacidades en la gente y deseo desesperadamente que pudieran ver cómo sus pensamientos, palabras, actitudes y comportamientos podrían liberar o encarcelar esas capacidades.

Le exhorto a tener cuidado con el tipo de pensamientos que permite dar vueltas en su mente cuando usted se encuentra cansándose de lo que está haciendo. Manténgase positivo y si llega usted al punto, después de haber transcurrido un período razonable, que está confiado que tiene que hacer un cambio, entonces hágalo. Pero no le eche la culpa a los demás y salga con una actitud amargada y resentida.

Hay momentos en la vida cuando Dios nos deja saber que un cambio se aproxima al remover el deseo que alguna vez tuvimos para poder hacer lo que estamos haciendo. Es muy sabio dar a estos sentimientos la "prueba de tiempo" para asegurarse de que no son meras emociones que lo llevarían a arrepentirse si actuara sobre ellas. Si pasan la prueba y permanecen durante mucho tiempo, puede que sea seguro asumir que tiene que considerar en oración un cambio.

> Un maestro constructor fue donde su jefe y le dijo: "Estoy demasiado cansado como para construir más casas. He decidido retirarme". Unos días después, el contratista se reunió con Carlos, el maestro constructor, y le dijo: "Por favor, ¿lo consideraría de nuevo y construiría una última casa? Realmente necesito que dirija este proyecto. Por favor".
>
> Después de pensarlo, el carpintero estuvo de acuerdo y comenzó a trabajar en su último proyecto. Sin embargo, su corazón no estaba en él. Como resultado, la mano de obra fue de mala calidad y cayó muy por debajo de sus estándares usuales. La casa apenas pasó la inspección.
>
> En el último día del proyecto, el contratista reunió a sus empleados en el lugar de trabajo y les pidió al carpintero y su mujer que estuvieran presentes. El jefe anunció: "Como ustedes saben, este es el último día que Carlos estará con nosotros. Él ha sido un empleado fiel de nuestra compañía por años y queremos hacer algo especial en honor a él. Carlos, esta casa que ha construido no será vendida. Se la estamos dando a usted y su esposa como un regalo por sus años de servicio. Esta será la casa de su retiro: una de la cual sé que usted disfrutará por el resto de su vida.[1]

Carlos dejó que su celo se desvaneciera, y estoy seguro de que durante la construcción de esta última casa sus pensamientos podrían haber sido: *Este es mi último proyecto y me retiro después de esto, así que puedo tomarlo más suave y sólo hacer lo mínimo para acabarlo de una vez.* Si no nos damos de lleno en cada proyecto, nuestra recompensa no nos va a satisfacer.

Estoy seguro de que Carlos lamentó el mal trabajo que hizo en la casa que ahora ellos vivían.

A todos nos encanta tener emociones para motivarnos, pero las emociones están vinculadas a nuestros pensamientos y, a veces, tienden a ser abundantes, y sin embargo, estar totalmente desaparecidas en otros momentos. Cuando la emoción se haya ido y la energía parece estar baja, lo mejor que puede hacer es revisar su pensamiento y hacer los ajustes que sean necesarios, y luego reavívese a usted mismo en vez de esperar pasivamente hasta que un sentimiento le motive.

También es sabio revisar su corazón para asegurarse que no haya conflictos en él, porque la contienda en cualquier área definitivamente le robará de mucha de la energía necesaria y el entusiasmo por la vida. Un amiga vino donde mí para hablarme de su esposo, diciéndome que ella estaba preocupada por él porque parecía no tener motivación alguna para hacer nada. Ella pensaba que tal vez estuviera enfermo, pero él se negó a ver a un médico. Esta enfermedad persistió durante más de dos años y era bastante severa. Parecía estar deprimido, perezoso, apático, desinteresado en la familia y la vida en general. Mi amiga y yo oramos juntas acerca de esta situación por unas cuantas semanas, y nuestro Dios misericordioso y maravilloso reveló la raíz del problema. Después de que él había sido confrontado en su lugar de empleo acerca de su actitud, se dio cuenta que había dejado la contienda entrar a su corazón durante un incidente que había ocurrido hacía más de dos años atrás. Y su pensamiento había disminuido hasta el punto que fue literalmente robando toda su energía, motivación y ganas de cualquier cosa. Lloró y se arrepintió profundamente, y fue aliviado inmediatamente de su carga. Le volvió su energía, y su esposa me sigue diciendo cuán distinto es ahora.

Pensamientos de miedo

Los pensamientos de miedo también pueden robarnos de esa energía tan necesitada. El miedo a que algo malo pase nos drena la energía, pero la fe en Dios de que las cosas buenas sucederán nos motiva y nos da energía.

Timoteo, que era un protegido del apóstol Pablo, una vez estuvo cumpliendo activamente con su rol en el ministerio, pero su celo comenzó a desvanecerse debido a los pensamientos de miedo. Hubo una gran persecución de los cristianos en su día, y probablemente había permitido que su pensamiento fuera a la deriva sobre todas las cosas malas que le podrían suceder si seguía predicando la Palabra de Dios audazmente. Los pensamientos de miedo le drenaron la energía. Pablo le dijo que "se avivara en el Señor" al *recordar* el don de Dios (el fuego interior) que le fue dado en su ordenación cuando Pablo y los ancianos le impusieron las manos para comisionarlo al ministerio (2 Timoteo 1:5-6). Dios no había cambiado de parecer acerca del llamado sobre la vida de Timoteo, pero Timoteo necesitaba ser alentado al respecto. Pablo también le recordó a Timoteo que Dios no le había dado un espíritu de temor, sino de poder, amor, y dominio propio (2 Timoteo 1:7). Dios no es la fuente de pensamientos de miedo, sino Satanás.

> *Las personas valientes sienten el miedo y de todos modos actúan.*

Dios nos da la capacidad de pensar profundamente. El miedo puede venir en contra de nosotros, pero la gente bien informada conoce su origen y lo resisten. Las personas valientes sienten el miedo y de todos modos actúan. Ya era hora de que Timoteo dejara de comportarse conforme a lo que sentía, y empezara a tomar acción acerca de lo que conocía en su corazón. No seremos capaces de impedir todos los pensamientos que se presentan en nuestra mente, pero sin duda alguna no tenemos que aceptarlos y permitir que nos roben la energía, el entusiasmo y el celo.

Los pensamientos de miedo de Timoteo tuvieron que cambiarse por los que le ayudarían a recuperar su fe. Había sido una vez un voraz incendio, y ahora parecía que se había convertido en cenizas frías, pero no era demasiado tarde. No todo estaba perdido, porque tenía la opción de sacudirse la apatía que sentía y levantarse y ponerse en marcha de nuevo. Gracias a Dios, en última instancia, Timoteo tomó las decisiones basadas más que en emociones, y cumplió con el llamado sobre su vida.

Todo pensamiento negativo, o cualquier pensamiento que podría denominarse impío, nos roba la energía. Los pensamientos impíos se definirían como todo lo que la Palabra de Dios nos enseña a no hacer. Cosas tales como los pensamientos de enojo y venganza, así como pensamientos de amargura y resentimiento hacia los demás, serían contraproducente para una vida enérgica. Los celos y la envidia pudren los huesos, según las Escrituras, así que no nos ayudarían (vea Proverbios 14:30). Los pensamientos de egoísmo y descontentamiento no son beneficiosos y deben ser reemplazados por pensamientos de acción de gracias. Cada vez que tenemos malos pensamientos, usualmente se convierten en malas palabras que son habladas por nosotros, y a su vez se convierten en un estado de ánimo malo que drena la energía. Espero que usted esté comenzando a conectar los puntos, por decirlo así, y que se esté dando cuenta que la raíz de la mayoría de los problemas emocionales que las personas enfrentan están directamente enlazados a los pensamientos que han permitido que se alojen en sus mentes.

Podemos aumentar nuestro nivel de energía inmediatamente eligiendo pensamientos que crean energía, y meditar en ellos. Me emociona darme cuenta que yo sea capaz de hacer algo para mejorar mi nivel de energía. Es cierto que todas las pérdidas de energía no son el resultado del pensamiento equivocado, pero aun si la enfermedad fuera la fuente, los buenos pensamientos no pueden hacer otra cosa que no sea ayudarnos.

Pensamientos de culpa y condenación

Algunos de los pensamientos que más drenan la energía son aquellos acerca de los errores del pasado, el fracaso, y los pecados que producen culpa y condenación. Al diablo le encanta llenar nuestras mentes con pensamientos de los fracasos pasados, que no podemos hacer nada al respecto. Dios, sin embargo, nos ofrece el perdón completo y la misericordia, así como un comienzo nuevo diariamente. Elegimos de qué forma pensar. Podemos pensar acerca del pasado o del futuro. Podemos pensar acerca de lo que hemos perdido o las oportunidades que tenemos de frente. Podemos pensar acerca de nuestros pecados, o podemos pensar acerca de la bondad y la gracia de Dios manifestadas al enviar a Jesús para pagar por nuestros pecados y removerlos tan lejos como lo es el oriente del occidente (vea Salmo 103:12).

> *Si Jesús lo ha hecho de una vez y por todas, entonces nunca hay que hacerlo de nuevo.*

La culpa es nuestro esfuerzo humano ofrecido como pago por nuestros pecados, pero ya han sido pagados por la muerte, derramamiento de sangre y sufrimiento de Jesús. Su sacrificio es bueno de una vez y por todas (vea Hebreos 9:28; 10:10). ¡Piense en el poder y la finalidad de esa declaración! Si Jesús lo ha hecho de una vez y por todas, entonces nunca hay que hacerlo de nuevo. No hay nada que podamos añadir a lo que Jesús ha hecho. Sólo podemos aceptar con humildad y gratitud el completo perdón que Él ofrece y rechazar la culpa.

Las personas que aman a Dios y quieren agradarle, a menudo, sufren terriblemente con los pensamientos y sentimientos de culpabilidad sobre cada pequeña cosa que hacen mal, o hasta incluso piensan que podrían haber hecho mal. Yo fui una de esas personas, pero aprender a alinear mis pensamientos con la Palabra de Dios me ha hecho libre. Cuando peco, soy rápida para arrepentirme, recibo el perdón, y cuando llega la culpa, simplemente pienso, o a veces digo: "Yo soy perdonada por completo y no hay ninguna culpa o condenación para los que están en Cristo" (vea Romanos 8:1). Recuerde que la mente es el campo de batalla, y no hay esperanza de victoria y disfrute de la vida, a menos que estemos dispuestos a aprender cómo controlar y manejar adecuadamente nuestros pensamientos y llevarlos a la obediencia de Jesucristo (vea 2 Corintios 10:5).

La culpa roba la energía posiblemente más que cualquier otra cosa, sencillamente porque no somos diseñados por Dios para sentirnos constantemente mal acerca de nosotros mismos. Dios nos ama y quiere que mantengamos nuestros corazones tiernos y libres. Cualquier pensamiento que produce la oscuridad debe ser resistido inmediatamente en el nombre de Jesús y reemplazado por otro que Dios aprueba.

> *Por lo demás, hermanos, todo lo que es verdadero, todo lo honesto, todo lo justo, todo lo puro, todo lo amable, todo lo que es de buen nombre; si hay virtud alguna, si algo digno de alabanza, en esto pensad.*
>
> Filipenses 4:8

Fije su mente y manténgala fija

> *Poned la mira en las cosas de arriba, no en las de la tierra.*
>
> Colosenses 3:2

Para fijar nuestras mentes en lo que está arriba, no significa que debemos sentarnos todo el día pensando en lo celestial. Lo que significa es que nosotros debemos poner nuestra mente en la voluntad de Dios para nosotros y la manera de vivir más excelente. Me encanta decirlo de esta manera: "Donde va la mente, el hombre la sigue". Usted puede fijar la mente para las acciones del día con pensar temprano a propósito en la mañana. En otras palabras, puede pensar en lo que quiere pensar durante todo el día. Tal vez sería algo así: *Hoy tendré pensamientos que nos ayudarán tanto a mí como a otras personas. Con la ayuda del Espíritu Santo, pensaré en cosas que me energizarán y liberarán el gozo en mi vida. Elijo pensar en lo que puedo hacer por los demás, en lugar de tener pensamientos egoístas. Tengo la mente de Cristo [vea 1 Corintios 2:16], y voy a usarla para pensar como Él pensaría.* Esto no quiere decir que todos los pensamientos erróneos simplemente desvanecerán, pero le hará más consciente de ellos para que pueda desecharlos y elegir otros mejores (ver 2 Corintios 10: 4-5).

He aprendido que si estoy cansada, sin energía, o incluso exhausta, pensando en eso todo el día sólo lo empeorará. Cuando nos sentimos mal, generalmente pensamos en eso y hablamos de eso tanto que la manera en que nos sentimos comienza a consumirnos. Cuando mi esposo no se siente bien, rara vez quiere hablar de eso. Sin embargo, ¡yo tiendo a querer que la gente sepa que me siento mal! Estoy segura de que lo que realmente quiero es cierta simpatía, pero no me hace sentir mejor, aun si me la dan. Sé que pensar y hablar acerca de sentirse mal o estar cansado me mantiene centrada en ello. Si, por el contrario, voy y hago algo y me despejo la mente de cómo me siento, me olvido de todo. Para las mujeres, ¡ir de compras a menudo nos ayuda a olvidar lo mal que nos sentimos! Es asombrosa la cantidad de energía que puedo encontrar si me encuentro con una buena venta. Si usted es una mujer que está leyendo esto, estoy segura de que sabe lo que quiero decir.

¡La energía es muy importante! Afecta nuestros niveles de creatividad y la capacidad de concentrarnos, y tiene un gran impacto en nuestro deseo y motivación por hacer las cosas. Es triste ver cómo muchas personas en el mundo están cansadas. Puede ser por la falta de sueño, el estrés, la mala elección de alimentos, y problemas de salud, y cada uno de esos problemas debe ser abordado. ¡Pero una gran cantidad de energía se pierde a través de los pensamientos que drenan la energía! Usted puede cambiar sus pensamientos por pensamientos productores de energía, ¡así que le recomiendo que comience hoy!

¡Piénselo!

- No nos cansaremos de hacer lo que hacemos en la vida si somos más cuidadosos con respecto a cómo pensamos acerca de nuestras vidas.
- No espere a que un sentimiento lo motive a usted. Escoja sus pensamientos, reavívese a sí mismo, y haga lo que Dios ha puesto en su corazón hacer.
- El miedo roba su energía, pero la fe la reaviva.
- Los pensamientos negativos, como la amargura, la culpabilidad, el desaliento, el resentimiento, la falta de perdón, siempre le roban la energía.

SECCIÓN 4

Cómo sus pensamientos afectan su andar con Dios

CAPÍTULO 18

Pensar acerca de lo que Dios piensa de usted

La peor soledad es no estar cómodo consigo mismo.
Mark Twain

Hay muchas voces que intentan darle forma a la manera en que pensamos acerca de cada parte de nosotros: nuestra apariencia, nuestras capacidades, nuestro potencial y nuestra identidad. Pero esas voces pueden ser engañosas. Las opiniones del mundo, las acusaciones de nuestro adversario y nuestros propios pensamientos y sentimientos, no nos definen.

La Biblia enseña que la verdadera identidad y el valor de un creyente se encuentran en Cristo. Nuestra confianza está en Él (vea Filipenses 3:3). No importa lo que la gente piense o diga, o cómo se vean nuestras circunstancias; somos definidos por el hecho de que Dios nos ama y nos acepta por completo. Para andar con Dios, tenemos que estar en acuerdo con Él, y eso involucra aprender a pensar cómo piensa Él.

Los pensamientos incorrectos acerca de nosotros mismos pueden llevarnos a lo que me refiero como un caso de "identidad equivocada". Vi una película acerca de una mujer que fue enviada a la cárcel por algo que no hizo, debido a un caso de identidad equivocada. Alguien la identifica como la culpable, pero estaban equivocados. Cuando tenemos un caso de identidad equivocada, o fallamos al conocer nuestro valor como un hijo de Dios, también podemos terminar en la prisión. Puede ser una prisión emocional de miedo, odio hacia sí mismo, pobre autoimagen, falta de confianza, y muchas otras cosas desagradables. Jesús vino a anunciar libertad a los cautivos y apertura de cárcel a los que están atados (ver Isaías 61:1).

Él ha abierto las puertas de la cárcel, pero debemos estar dispuestos a caminar fuera de ellas y aprender una nueva manera de pensar y vivir. ¡Podemos aprender a pensar acerca de nosotros mismos como Dios piensa acerca de nosotros!

Hoy, en nuestra sociedad, escuchamos mucho acerca de los peligros del robo de identidad. La gente hasta ha llegado al extremo de sacar pólizas de seguros que la cubran de semejante fraude y robo. Me he preguntado si lo que está sucediendo es un reflejo de lo que está pasando con la gente en la esfera espiritual. Parece que cada vez más en nuestra sociedad hoy en día las personas piensan que su identidad se encuentra en el éxito de los negocios, estatus financiero, estatus social, vecindario en que viven, nivel de educación, etcétera. Se equivoca. Ella está buscando una identidad que puede caérsele encima en cualquier momento. Henri Nouwen dijo de esta manera:

> Jesús vino a anunciarnos que una identidad basada en el éxito, la popularidad y el poder es una identidad falsa, ¡una ilusión! En voz alta y claramente dice: "No sé lo que el mundo hace de ustedes; pero ustedes son hijos de Dios".[1]

Jesús es nuestra póliza de seguro en contra del robo de identidad. Cuando sabemos que estamos en Él, entonces nuestro valor está asegurado para toda la vida y no puede ser sacudido por nada. Usted no es amado porque sea valioso; usted es valioso porque es amado. Quizás usted haya aprendido a ser su peor enemigo, pero ahora es el momento de ser su propio mejor amigo.

Usted no es amado porque sea valioso; usted es valioso porque es amado.

Sally Field dijo: "Me tomó mucho tiempo no juzgarme a mí misma a través de los ojos de otra persona".[2] Podemos saber dentro de nosotros mismos quiénes somos como hijos de Dios, y cuando lo hacemos, nada nos puede hacer sentir jamás subestimados y sin valor. Medite en esto hoy: ¡Dios le ama! Si usted lo piensa suficiente, usted comenzará a creerlo, y cuando eso suceda comenzará a saber cuán poderoso verdaderamente es usted.

La mayoría de nosotros entramos a nuestros años de adolescencia y juventud intentando demostrar por medio de nuestros logros que tenemos valor o que somos importantes. Pero la verdad es que ya somos importantes para Dios, aun antes de que logremos algo en la vida. De hecho, saber que somos importantes para Él es lo que nos libera para hacer grandes cosas para su gloria, en lugar de la nuestra.

Esta escritura nos da una idea de esta verdad:

> *Antes que te formase en el vientre te conocí, y antes que nacieses te santifiqué, te di por profeta a las naciones.*
>
> Jeremías 1:5

Leer una escritura como esta es de mucha ayuda, pero meditando sobre ella (pensando acerca de ella una y otra vez) es lo más útil. Renueva nuestra mente y nos enseña a pensar en formas nuevas que se alinean con la voluntad de Dios.

¿Qué piensa acerca de usted mismo?

¿Se ha tomado tiempo alguna vez para considerar lo que piensa acerca de sí mismo? La mayoría de las personas no lo hacen, pero es algo importante que se debe hacer. Puedo recordar luchar desesperadamente la mayor parte de mi vida conmigo misma, pero por fin aprendí a verme a mí misma como Dios me ve, y eso revolucionó mi vida. Mi padre me había dicho que no era buena para nada y nunca llegaría a nada, pero Dios me dice que soy suya y que por medio de Él, puedo hacer cosas más grandes de lo que podría maginar. Realmente no es lo que otras personas piensan acerca de nosotros lo que nos duele, ¡sino lo que pensamos acerca de nosotros mismos!

Dios por su gracia nos cambia en el interior, y luego el Espíritu Santo obra con nosotros, ¡enseñándonos a vivir de adentro hacia afuera! Somos hechos justos ante Dios mediante la fe en Cristo. Somos santificados, y eso significa que somos apartados y santificados por Él. Estas y muchas otras obras maravillosas se logran en nuestros espíritus por la gracia de Dios. ¡Es su regalo para nosotros! Cuando aprendamos a creer lo que Dios ha hecho en nosotros, produciremos el fruto de ello en nuestro diario vivir.

No podemos hacerlo todo bien, pero Dios nos ve como justos por medio de nuestra fe en Jesús y su obra en la cruz por nosotros. El mundo coloca etiquetas y asigna valores que varían a casi todo, pero para Dios todos somos iguales. Él ama y valoriza a cada uno por igual. ¡Todos somos uno en Cristo!

> **¡Yo no soy un error tan sólo porque cometo errores!**

¡Yo no soy un error tan sólo porque cometo errores! Comience a meditar en eso y hablarlo en voz alta varias veces al día, y usted será una persona más feliz. No desperdicie su tiempo pensando una y otra vez acerca de sus fallas. No se compare con otras personas, pensando que debe esforzarse para ser como ellos. Oscar Wilde dijo: "Sea usted mismo; todos los demás ya están tomados".[3]

¿Se quiere a sí mismo? Oro que así sea, porque usted pasará cada momento de su vida consigo mismo. Usted nunca conseguirá separarse de sí, ni siquiera por un segundo, por lo que le recomiendo encarecidamente que haga la paz consigo mismo si no lo ha hecho, y aprenda a pensar acerca de sí mismo como Dios lo hace.

Ninguno de nosotros podremos jamás llegar más allá de

lo que pensamos de nosotros mismos. Si pensamos que no podemos hacer algo, entonces no vamos a ser capaces de hacerlo. Teodoro Roosevelt dijo: "Crea que usted puede y ya estará a mitad de camino".[4] Y más importante lo que Jesús dijo en Mateo 21:22 (NVI): "Si ustedes creen, recibirán todo lo que pidan en oración".

¿Cree que puede hacer lo que tiene que hacer en la vida a través de Cristo, que es su fuerza (vea Filipenses 4:13)? La mayoría de las personas tiene mucha más capacidad que jamás será liberada en su vida porque dudan de sus capacidades. Ellas asumen que no pueden, ¡sin tan siquiera averiguar si pueden!

Un cuento infantil muy popular no sólo es de mucha ayuda para los niños, sino que también lo puede ser para nosotros como adultos. Se llama "La historia de la locomotora que pensó que podría".

En cierto depósito del ferrocarril se detuvo un tren extremadamente pesado que debía subir una cuesta muy empinada antes de que pudiera llegar a su destino. El superintendente del depósito no estaba seguro de qué sería lo mejor hacer, por lo que se acercó a una locomotora grande y fuerte y le preguntó: "¿Puede usted halar aquel tren sobre la colina?".

"Es un tren muy pesado", respondió la locomotora.

Luego fue donde otra gran locomotora y le preguntó: "¿Puede usted halar aquel tren sobre la colina?".

"Es un cuesta muy empinada", replicó.

El superintendente quedó muy desconcertado, pero fue donde otra locomotora que estaba nueva sin estrenar, y le preguntó a ella: "¿Puede usted halar aquel tren sobre la colina?".

"Creo que puedo", respondió la locomotora.

Así que la orden se hizo circular, y la locomotora dio marcha atrás de modo que pudiera ser acoplada con el tren, y mientras iba yendo por los rieles, se repetía a sí misma: "Creo que puedo. Creo que puedo. Creo que puedo".

Se juntaron ambas y la locomotora comenzó su viaje, y a lo largo de la explanada, mientras rodaba hacia la cuesta, se seguía repitiendo a sí misma: "Yo...creo...que puedo. Yo...creo...que...puedo. Yo...creo...que...puedo".

Luego alcanzó la cuesta, pero su voz aún podía oírse: "Yo creo que puedo. Yo...creo...que... puedo. Yo...creo...que ...puedo". Subía más y más alto, y su voz se debilitaba más y sus palabras salían más lentamente: "Yo...creo...que puedo".

Casi llegaba a la cima.

"Yo...creo".

Estaba en la cima.

"Que...puedo".

Pasó por encima de la colina y comenzó a ir más lento por la ladera opuesta.

"Yo...creo...que...puedo. Yo...creí...que...podría. Yo...creí...que...podría. Yo creí que podría. Yo creí que podría. Yo creí que podría".

Y cantando su triunfo, se precipitó a bajar hacia el valle.

Vaya por la vida diciendo: "Creo que puedo", y se sorprenderá por lo que va a lograr. Cuando tenemos la confianza, ella nos empodera para ser todo lo que podemos ser. El pensamiento positivo que está de acuerdo con la Palabra de Dios libera el poder y la capacidad de Dios en nosotros. ¿Cuán a menudo dice usted: "No creo que yo pueda", pero incluso ni lo ha probado todavía? Mantenga sus ojos en Jesús, no en sí mismo, y se sorprenderá de lo que pueda hacer con su ayuda.

¿Es usted un águila que piensa que es un pollo?

Mientras caminaba por el bosque un día, un hombre encontró un polluelo de águila que se había caído de su nido. Él lo llevó a su casa y lo puso en su corral donde pronto aprendió a comer y comportarse como los pollos. Un día un naturalista pasó por la finca y le preguntó por qué era que el rey de todas las aves debería confinarse a vivir en el corral con los pollos. El granjero respondió que desde que se le había dado alimento para pollos y había sido entrenada para ser un pollo, nunca había aprendido a volar. Como ahora se comportaba como los pollos, ya no era un águila.

"Todavía tiene el corazón de un águila", respondió el naturalista. "Y seguramente se le puede enseñar a volar". Él levantó el águila hacia el cielo y dijo: "Tú perteneces al cielo y no a la tierra. Extiende tus alas y vuela". El águila, sin embargo, estaba confundida. No sabía quién era, y al ver a los pollos comiendo su comida, saltó para estar con ellos de nuevo.

El naturalista llevó el ave a la azotea de la casa y le instó de nuevo, diciendo: "Tú eres un águila. Extiende tus alas y vuela". Pero de nuevo el águila tuvo miedo del desconocimiento de sí mismo y del mundo, y saltó hacia abajo una vez más por la comida de los pollos.

Finalmente el naturalista tomó el águila del corral a un monte alto. Allí elevó al rey de las aves muy por encima de él y le exhortó de nuevo, diciendo:

"Tú eres un águila. Tú perteneces al cielo. Extiende tus alas y vuela". El águila miró a su alrededor y de nuevo hacia la granja y hacia el cielo. Entonces el naturalista lo levantó directamente hacia el sol y sucedió que el águila comenzó a estremecerse. Lentamente, estiró sus alas, y con un grito triunfal, se remontó lejos a los cielos.

Puede ser que el águila aún se acuerda de los pollos con nostalgia. Incluso puede ser que de vez en cuando vuelve a visitar el corral. Pero de lo que se sabe, él nunca ha vuelto a llevar la vida de un pollo.[5]

Podemos ver en esta historia que no importa cuán convincentemente el naturalista creía que el águila era un águila, ella continuó comportándose como un pollo hasta que su propio pensamiento y creencias acerca de sí mismo cambió. Dios ya cree en usted; ahora puede aprender a pensar distinto acerca de sí mismo. ¿Es usted un águila que se ha creído la mentira de que es un pollo? Si es así, ¡es el momento de salir de la granja y aprender a volar!

¿Qué piensa Dios acerca de usted?

Tal vez nunca se le ha ocurrido tan siquiera que Dios piensa en usted, pero sí lo hace.

> *Has aumentado, oh Jehová Dios mío, tus maravillas;*
> *Y tus pensamientos para con nosotros, no es posible*
> *contarlos ante ti. Si yo anunciare y hablare de ellos,*
> *no pueden ser enumerados.*
>
> Salmo 40:5

Los pensamientos de Dios hacia nosotros se encuentran en su Palabra. Su Palabra revela su voluntad. Su Palabra es su pensamiento escrito para que nosotros lo veamos. El Salmo

139 es un hermoso salmo de David que nos enseña mucho acerca de cómo nos ve Dios.

> *¡Cuán preciosos me son, oh Dios, tus pensamientos! ¡Cuán grande es la suma de ellos! Si los enumero, se multiplican más que la arena; despierto, y aún estoy contigo.*
>
> Salmo 139:17-18

David declara que los pensamientos de Dios hacia él (y nosotros) son tantos que son como los granos de arena de la playa. ¡Son tantos y demasiados para contarlos, y son preciosos! ¡Dios nunca piensa cosas malas acerca de usted! ¿Cuán impresionante es eso? Es altamente probable que todos los que conocemos piensan mal de nosotros en ocasiones, aun si realmente nos aman. ¡Pero Dios *nunca* piensa ni un solo pensamiento negativo de nosotros!

> Yo creo que Dios tiene su mente fijada en nosotros todo el tiempo.

Yo creo que Dios tiene su mente fijada en nosotros todo el tiempo. Como Él es Dios, Él puede pensar en cada uno de nosotros individualmente al mismo tiempo, todo el tiempo, y sin embargo, todavía es muy personal.

Estoy segura de que Él piensa más acerca de nuestras posibilidades que nuestros problemas. Siento que piensa acerca de cuán lejos hemos llegado, y no a dónde tenemos que llegar. David habló de cómo Dios lo había creado, y luego declaró que las obras de Dios ¡son todas maravillosas! ¡Dios debe pensar que usted es maravilloso! ¡No se sonroje, sólo reciba la buena noticia! Sí, Dios piensa que usted es maravilloso. ¿Acaso no es grande recibirlo en su corazón?

En la historia de la creación, después de cada día de la creación, Dios miró su obra y dijo: "Es bueno".

En realidad, Él dijo: "Es bueno en gran manera". (Vea Génesis 1:31).

En Isaías 55:8-9, aprendemos que los pensamientos de

Dios son más altos que los pensamientos nuestros. Él piensa cosas mejores que nosotros; por lo tanto, debemos aprender a pensar como lo hace Él. Dios no sólo tiene pensamientos para con nosotros, sino que también tiene un plan.

> *Porque yo sé los pensamientos que tengo acerca de vosotros, dice Jehová, pensamientos de paz, y no de mal, para daros el fin que esperáis.*
>
> Jeremías 29:11

Me parece bastante asombroso que Dios, quien me imagino está ocupado dirigiendo el universo, tiene tiempo para pensar en mí en absoluto, y mucho menos tener un buen plan para mi vida, pero así es. Es porque usted y yo somos importantes para Él. Puesto que usted está aquí, Dios puede usarlo: usted tiene un propósito. Hay cosas que usted puede hacer que nadie más puede hacer exactamente de la misma manera como usted. Le encanta escuchar su voz y cuando lo mira a usted, ¡se sonríe!

A medida que aprenda a pensar como Dios piensa, mejorará grandemente su caminar con Él y le ayudará a ser más y más como Él. A medida que aprenda a pensar acerca de sí mismo como Dios piensa acerca de usted, cambiará todas las áreas de su vida. De hecho, la forma de pensar acerca de sí mismo puede ser una de las cosas más importantes que tiene que examinar. Alinee su pensamiento con el pensamiento de Dios, y usted estará de camino a una vida increíble, caminando con Dios en cada paso del camino.

¡Piénselo!

- La Palabra de Dios es la que lo define a usted, no las opiniones del mundo, las acusaciones de su adversario, o sus propios pensamientos y sentimientos.
- Usted es importante para Dios, incluso antes de lograr cualquier cosa en la vida.

- No es lo que otras personas piensan sobre usted lo que le ayuda o le hace daño a usted; es lo que usted escoge pensar acerca de sí mismo.

- Cuando aprenda a creer lo que Dios ha hecho por usted, le hará producir fruto diariamente en su vida.

- Mantenga sus ojos puestos en Jesús, no en sí mismo, y se sorprenderá de lo que puede hacer con su ayuda.

CAPÍTULO 19

Los pensamientos y el comportamiento

Los pensamientos son bumeranes que vuelven a su origen. Elija sabiamente cuáles lanzará.

Desconocido

¿Se ha puesto a pensar en los pensamientos como algo que lanza hacia la atmósfera, esperando ver lo que traerán de vuelta? Es una idea nueva para mí, pero una muy interesante. La Palabra de Dios lo respalda cuando dice: "Porque cual es su pensamiento en su corazón, tal es él" (Proverbios 23:7). Todos sabemos lo que es un búmeran. Usted puede lanzarlo en cualquier dirección y viene de nuevo a usted. Los pensamientos son así. Puedo lanzar uno que dice: *No soy buena y nunca lograré nada valioso en la vida,* y eso es exactamente lo que viene de nuevo a mí. Nos comportamos de acuerdo a lo que creemos acerca de nosotros mismos.

Cuando se trata de la conducta cristiana, creo que cualquier cristiano serio verdaderamente quiere comportarse de la manera en que Dios lo exhorta en la Biblia. Somos enseñados a ser cariñosos, amables, buenos, humildes, gentiles, generosos, pacientes y con dominio propio. Somos enseñados a dar buenos frutos en cada área de la vida. Nuestro comportamiento debería predicar nuestros sermones para nosotros, y deberíamos usar palabras sólo cuando sea absolutamente necesario. De hecho, las palabras sin un comportamiento que lo respalde pueden hacer mucho más daño que bien. Un hipócrita es alguien que les dice a los demás qué hacer, pero él mismo no lo hace. Jesús tuvo muchas conversaciones acaloradas con las personas religiosas a las que se refería como hipócritas.

Yo pues, preso en el Señor, os ruego que andéis como es digno de la vocación con que fuisteis llamados.

Efesios 4:1

La Palabra de Dios dice que debemos vivir como Cristo vivió, amar como Él amó, pensar con su mente, y sentir lo que Él siente. Suena como una tarea de enormes proporciones, y a menudo convertimos la tarea en una pesadilla de frustración y esfuerzo fallido sencillamente porque tratamos de ser buenos mientras que a la vez tenemos malos pensamientos.

Mira mi aflicción y mi trabajo, y perdona todos mis pecados.

Salmo 25:18

En la *Amplified Bible*, esta escritura deja claro que el pensamiento pecaminoso precede al comportamiento pecaminoso. No podemos cambiar nuestro comportamiento a menos que estemos dispuestos a ser primeramente responsables de los pensamientos en los cuales meditamos.

> El pensamiento pecaminoso precede al comportamiento pecaminoso.

Un paseo consta de muchos pasos. Mientras caminamos con Dios, estos pasos son decisiones que tomamos en el camino acerca de muchas cosas. Debemos utilizar nuestra libertad para escoger la voluntad de Dios. Cuando tomamos decisiones correctas, la gracia de Dios estará siempre disponible para ayudarnos a seguir adelante.

Maneras de renovar la mente

Dios nos ofrece una nueva vida, pero su Palabra deja claro que debemos renovar completamente nuestra mente (aprender a pensar de manera distinta) antes de poder experimentar la vida nueva que Él ofrece. Tenemos que aprender a pensar como Dios piensa, y eso significa que pensemos conforme a la Palabra de Dios. No nos conformemos al mundo y a sus maneras de pensar y hacer, sino que seamos transformados (cambiados por completo) por medio de la renovación de nuestra mente (vea Romanos 12:2). Esta renovación no se llevará a cabo de forma automática, pero es algo que tenemos que elegir hacer. Es un proceso y requiere un compromiso de tiempo y esfuerzo.

Hay una multitud de personas que creen en Jesús, pero ellas nunca experimentan la victoria en sus vidas debido a la falta de conocimientos o una falta de disposición para aplicar los principios que han aprendido. Pasé muchos años como cristiana que asistía a la iglesia regularmente, antes de tan siquiera descubrir que mi mente tuviera algo que ver con mi comportamiento. Me faltaba conocimiento. Luego, después de adquirir el conocimiento, todavía tenía que estar dispuesta a pasar por el proceso, y todavía lo estoy pasando hasta el día de hoy. Nunca tendremos un sólo día en nuestras vidas que no tengamos que elegir desechar los malos pensamientos y reemplazarlos con los buenos.

La buena noticia es que aunque se batalla bastante al principio, se vuelve más fácil a medida que pasa el tiempo. Aprendemos a reconocer el pensamiento incorrecto y destructivo mucho más rápidamente, y como hemos aprendido el valor de pensar correctamente, podemos escoger inmediatamente los pensamientos que nos beneficien y nos ayuden a disfrutar el plan de Dios para nuestras vidas.

Declarar la Palabra de Dios es una de las maneras más

eficaces para renovar su mente. Mientras que la hablamos en voz alta, ella comienza a cambiarnos. Estamos aprendiendo a pensar de manera distinta. También establecemos lo que elegimos creer en la esfera invisible o espiritual, y eso libera las huestes celestiales para que nos ayuden y obren a nuestro favor.

> *Bendecid a Jehová, vosotros sus ángeles, poderosos en fortaleza, que ejecutáis su palabra, obedeciendo a la voz de su precepto.*
>
> Salmo 103:20

Como mencioné previamente, la renovación de su mente es importante para poder entender su identidad como hijo de Dios. No podemos comportarnos de una manera que no creemos que sea posible para nosotros. Si creo que es imposible que jamás llegue a comportarme de la manera en que Jesús lo hacía, entonces nunca lo haré. Cuando recibimos a Cristo, Dios siembra la semilla de la conducta que le agrada en nosotros, y mientras la regamos con la Palabra y pasamos tiempo con Dios, esas semillas crecen y producen el fruto del comportamiento que agrada a Dios. Ya cuando tengamos una nueva imagen de nosotros mismos y de nuestras capacidades, nuestro comportamiento cambia sin que luchemos. Tendremos que hacer un esfuerzo, pero es un esfuerzo basado en y con la gracia de Dios, no una lucha que produce frustración y fracaso.

Incluiré aquí una lista de cosas para que las medite y confiese en voz alta acerca de sí mismo. Esto ha sido recopilado de la Palabra de Dios y por lo tanto es cierto. ¡Prosiga y léala en voz alta!

> *Me siento muy amado por Dios.*
>
> Romanos 1:7; Efesios 2:4;
> Colosenses 3:12; 1 Tesalonicenses 1:4

Soy fuerte en el Señor y en el poder de su fuerza.

Colosenses 1:11

Yo no tengo un espíritu de cobardía, sino de poder, de amor y de dominio propio.

2 Timoteo 1:7

Suelto lo que queda atrás y prosigo hacia las cosas que están por delante.

Filipenses 3:12-14

Tengo favor con Dios.

2 Corintios 13:14

Estoy completo en Aquel que es la cabeza de todos los poderes.

Colosenses 2:10

Estoy vivo con Cristo.

Efesios 2:5

Soy libre de la ley del pecado y de la muerte.

Romanos 8:2

Estoy lejos de la opresión y el miedo no se me acerca.

Isaías 54:14

He nacido de Dios, y el maligno no me toca.

1 Juan 5:18

Soy santo y sin mancha delante de Él en amor.

Efesios 1:4; 1 Pedro 1:16

Tengo la mente de Cristo.

1 Corintios 2:16; Filipenses 4:7

Tengo la paz que sobrepasa todo entendimiento.

Filipenses 4:7

Tengo al que es más grande morando en mí; mayor es el que está en mí que el que está en el mundo.

1 Juan 4:4

He recibido el don de la justicia, y reino como un rey en vida por Jesucristo.

Romanos 5:17

He recibido el espíritu de sabiduría y de revelación en el conocimiento de Jesús, y los ojos de mi entendimiento han sido iluminados.

Efesios 1:17-18

Tengo el poder de Dios disponible para mí como creyente en Jesús.

Efesios 1:19

He recibido el poder del Espíritu Santo para poner las manos sobre los enfermos y verlos recuperarse, para echar fuera demonios, hablar en nuevas lenguas. Tengo poder y autoridad sobre todo poder del enemigo, y nada podrá hacerme daño de manera alguna.

Marcos 16:17-18; Lucas 10:17-19

Me he despojado del viejo hombre y me he revestido del nuevo hombre, el cual es renovado en el conocimiento conforme a la imagen de aquel que me creó.

Colosenses 3:9-10

Yo doy y se me da; medida buena, apretada, remecida y rebosando darán en mi seno.

Lucas 6:38

No me falta nada, porque mi Dios suple todas mis necesidades conforme a sus riquezas en gloria en Cristo Jesús.

Filipenses 4:19

Puedo apagar todos los dardos de fuego del maligno al levantar mi escudo de la fe.

Efesios 6:16

Puedo hacer todas las cosas por medio de Cristo Jesús.

Filipenses 4:13

Dios me ha llamado de las tinieblas a su luz admirable.

1 Pedro 2:9

Yo soy hijo de Dios, porque he nacido de nuevo con la semilla incorruptible de la Palabra de Dios, que vive y permanece para siempre.

1 Pedro 1:23

Soy hechura de Dios, creado en Cristo para hacer las buenas obras.

Efesios 2:10

Soy una criatura nueva en Cristo; las cosas viejas han pasado.

2 Corintios 5:17

Soy un hacedor de la Palabra y bendecido en mis acciones.

Santiago 1:22, 25

Soy un coheredero con Cristo.

Romanos 8:17

Soy más que vencedor por medio de aquel que me ama.

Romanos 8:37

Soy un vencedor por la sangre del Cordero y la palabra de mi testimonio.

Apocalipsis 12:11

Soy partícipe de la naturaleza divina de Dios.

2 Pedro 1:3-4

Soy un embajador de Cristo (lo represento a Él).

2 Corintios 5:20

Soy parte de una generación escogida, real sacerdocio, una nación santa, un pueblo adquirido.

1 Pedro 2:9

Soy la justicia de Dios en Cristo.

2 Corintios 5:21

Soy el templo del Espíritu Santo; no me pertenezco a mí mismo.

1 Corintios 6:19

Soy cabeza y no cola; estoy por encima y no por debajo.

Deuteronomio 28:13

Es la voluntad de Dios que yo prospere y tenga buena salud.

3 Juan 1:2

Me deleito en la Palabra de Dios y todo lo que hago prospera y tiene éxito.

Salmo 1:2-3

Jesús me entiende, y aun cuando cometo errores, puedo orar valientemente y Él me ayuda.

Hebreos 4:15-16

Cuando estoy cansado corro a Jesús y Él me refresca.

Mateo 11:28

Estoy curado por las llagas de Jesús.

Isaías 53:5; 1 Pedro 2:24

Medito en la Palabra de Dios y hago lo que está escrito en ella, y prospero en mi camino, negocio con prudencia y tengo un buen éxito.

Josué 1:8

Mientras más se renueva su mente por estas cosas que Dios dice acerca de usted en su Palabra, más mejorará su comportamiento.

Ahora, si usted quiere obtener un mayor beneficio de las confesiones que le acabo de sugerir, puede utilizarlas diariamente, y cuando le sea posible tome el tiempo para buscar cada escritura; léalas y medítelas durante unos minutos. La Palabra de Dios tiene poder en ella para salvar nuestras almas, cuando nos acercamos a ella con mansedumbre (vea Santiago 1:21). No puede cambiarse a sí mismo, ni obligarse a sí mismo a comportarse mejor, pero puede pedirle a Dios que le ayude, y Él usará su Palabra para concederle la fuerza y la disciplina que necesita. Dios nos cambia de un grado de gloria a otro, mientras estudiamos su Palabra (vea 2 Corintios 3:18). Ya hemos visto que con la ayuda de Dios, podemos escoger caminar como caminaba Jesús (comportarnos como lo hacía Él). La Palabra de Dios nos transforma a la imagen de Jesús, y nuestro comportamiento cambia para lo mejor.

Renovamos nuestras mentes cuando estudiamos, leemos y oímos la Palabra de Dios. También renovamos nuestras mentes cuando la declaramos en voz alta. Mientras más meditamos en la Palabra de Dios, más se renuevan nuestras mentes (cambian, se transforman).

Llevando cautivo los pensamientos

La renovación de la mente también requiere que estemos dispuestos a pensar acerca de lo que pensamos y tomar los malos pensamientos cautivos a la obediencia de Cristo. Los pensamientos que tendrán que ser llevados cautivos son los que vienen del diablo o de nuestra mente carnal. La Palabra de Dios nos enseña que tenemos una mente carnal que produce muerte y todo tipo de miseria, y una mente espiritual que produce vida (vea Romanos 8:6). Si vivimos según la carne, es porque estamos pensando con la mente carnal, y si vivimos según el Espíritu, es porque estamos pensando con la mente espiritual. ¡Los pensamientos preceden al comportamiento!

> *Porque los que son de la carne piensan en las cosas de la carne; pero los que son del Espíritu, en las cosas del Espíritu.*
>
> Romanos 8:5

Si quiero caminar en amor, no puedo pasar un tiempo excesivo pensando acerca de mí y lo que quiero y necesito. Tendré que pensar acerca de las cosas que puedo hacer para ayudar a los demás y mostrarles el amor. Si quiero ser desinteresado y libre del egocentrismo, no puedo tener mi mente fijada en mí todo el tiempo. Si quiero perder un poco de peso, no puedo pensar en la comida en todo tiempo. Si siento la urgencia de comer, pero sé que realmente no necesito comer todavía, entonces debería de hacer algo; debería dejar de pensar en la comida y la sensación de que "tengo que comer" desaparecerá.

Si quiero salir de las deudas, entonces no debería pasar horas al día leyendo todos los catálogos de venta y anuncios que vienen por correo, porque me llenarán la mente con las cosas que quiero, cosas que probablemente no necesito de todas maneras.

Si quiero limpiar la casa, entonces no debería pensar acerca de cuán tediosa será la limpieza. Ponga sus pensamientos en lo que usted (su ser espiritual) realmente quiere hacer, no sólo meramente lo que su carne le demanda en ese momento. Si usted o yo queremos cambiar algo acerca de nuestro comportamiento, primero tenemos que cambiar nuestra manera de pensar acerca de ese comportamiento. Cuando pensamos acerca de algo, hacemos provisión para ella. Considere este consejo de Dios por medio del apóstol Pablo.

> *Sino vestíos del Señor Jesucristo, y no proveáis para los deseos de la carne.*
>
> Romanos 13:14

Por favor, tome tiempo para repasar esta escritura varias veces (en la versión *Amplified Bible* en inglés). Respalda completamente el mensaje de este libro. ¡Hacemos provisión para el comportamiento equivocado al pensar en ello! Nuestra excusa para pensar incorrectamente siempre ha sido creer que no podemos evitar lo que pensamos, pero eso no es cierto. Cuando finalmente entendí que yo podía escoger mis propios pensamientos con la ayuda de Dios, fue el comienzo de un cambio de vida increíble. ¡Usted puede pensar por sí mismo! Martin Luther King lo dijo de esta manera:

> Mientras la mente está esclavizada, el cuerpo nunca podrá ser libre.[1]

Admito que es una batalla al principio, tal como lo es cualquier cosa que nunca hemos hecho antes, pero pronto formará usted hábitos nuevos y estará de camino a manifestar el comportamiento piadoso que usted desea.

¡Píenselo!

- Nos comportamos de acuerdo a lo que creemos acerca de nosotros mismos.
- Cuando usted toma las decisiones correctas, la gracia de Dios está siempre disponible para ayudarle a seguir adelante.
- Es esencial renovar su mente para así poder experimentar la vida nueva que Dios ofrece.

- Mientras más usted lo haga, más fácil será reconocer el comportamiento malo y destructivo.

- Cuando usted tiene una imagen correcta de sí mismo, su comportamiento cambia sin dificultad.

- Mientras más medita en la Palabra de Dios, más se renueva su mente.

CAPÍTULO 20

La conexión de la mente y la boca

Cuídese de sus pensamientos; pueden llegar a ser palabras en cualquier momento.

Ira Gassen

La conexión entre lo que pensamos y lo que decimos es más fuerte que lo que la mayoría de la gente piensa. ¡Nunca cambiaremos lo que decimos si no entendemos cuán importante es lo que decimos! Las palabras no están vacías ni son inofensivas. Las palabras son contenedores llenos de poder, y escogemos si ese poder será negativo o positivo. Podemos bendecir o maldecir con las palabras de nuestra boca. Podemos construir o derribar. Podemos hacer reír a la gente o hacerla llorar. Dios quiere usarnos para avanzar su Reino. Él quiere que nos asociemos con Él para presentarle las personas a Él, y así como podemos aprender a pensar como lo hace Dios, también podemos aprender a hablar como habla Él.

Madre Teresa dijo: "Las palabras que no dan la luz de Cristo aumentan las tinieblas".[1] Es importante que escojamos palabras que le agradan a Cristo, y si así son, generalmente agradarán a todos. Según el libro de los Proverbios, tenemos que estar satisfechos con las consecuencias de nuestras palabras. ¡Las palabras tienen consecuencias!

La muerte y la vida están en poder de la lengua.

Proverbios 18:21

El apóstol Santiago tuvo mucho que decir acerca del poder de las palabras. En Santiago 3, él dice que aunque la lengua es un miembro pequeño, puede jactarse de grandes cosas. La pequeña chispa de una palabra puede iniciar un gran incendio. Él dice que la lengua es un mundo de maldad y un animal salvaje que ningún hombre puede domar. ¡Guau!

Santiago compara el poder de la lengua con el poder que tiene un pequeño timón para girar un enorme barco, o como un pequeño freno en la boca del caballo se usa para mover su cuerpo entero. Santiago dice que las cosas que hablamos por nuestras bocas pueden determinar la dirección de nuestras vidas. ¡Ay, ay! Si creemos eso, deberíamos hacer algunos cambios rápidamente. No iré muy lejos como para decir que todo lo que hablamos es con lo que terminamos, pero sí creo firmemente que las palabras tienen un poder increíble, y si persistimos en hablar cosas impías y negativas, sin lugar a dudas perjudicarán y obstaculizarán el plan de Dios para nosotros.

Pasaron muchos años antes de que tuviera alguna idea de que mis propios pensamientos y palabras tuvieran gran influencia sobre mi vida y comportamiento. Por ejemplo, debido a que fui abusada y controlada por mi padre, me decía repetidamente, así como a los demás: "Cuando salga de esta casa, nadie me dirá qué hacer de nuevo". Me volví muy rebelde hacia la autoridad y, sobre todo, a la autoridad masculina. Cuando Dave y yo nos casamos, aprendí en la Palabra de Dios que Dios quería que respetara y admirara las opiniones de Dave y honrarlo como cabeza de nuestro hogar, pero yo era totalmente incapaz de hacerlo. Yo quería, ¡pero no podía!

Tomó un poco de tiempo y algunas lecciones fuertes de parte del Espíritu Santo antes de que aprendiera que me había encarcelado a mí misma en la rebeldía por causa de las palabras que había dicho por años cuando era más joven. En realidad hice un voto conmigo misma que no permitiría que nadie me dijera qué hacer. Finalmente vi mi error y me arrepentí, pidiéndole a Dios que me perdonara y que me ablandara el corazón endurecido hacia la autoridad. Tomó un poco de tiempo, pero mientras crecía yo en Dios y cambiaba mi manera de pensar y hablar, mi mente fue renovada y yo fui liberada.

Puede que usted recuerde hace poco cuando mencioné que yo fumaba cigarrillos. Yo era adicta; fumé por casi veinte años, y decía repetidamente: "Yo sé que nunca podría dejar de fumar, porque si lo hiciera subiría de peso. Simplemente sería demasiado difícil dejar de fumar". Años después, cuando sí deseaba dejar de fumar, me encontré en una lucha mayor de lo que yo podía manejar por mi cuenta. Dave decidió dejar de fumar y lo logró, pero yo parecía no poder liberarme. Mientras oraba acerca del hábito y le pedía a Dios que me ayudara, Él me llevó a comenzar a decir en voz alta que yo renunciaba al tabaquismo; que era un hábito malo, costoso, maloliente, y que no era bueno para mi salud. Sorprendentemente, dentro de unas pocas semanas ya no tenía deseo alguno de fumar de nuevo. Me alegra decir que eso fue hace treinta y cinco años.

Las palabras definitivamente tienen poder. Muchas personas con adicciones dicen una y otra vez que la adicción es demasiado fuerte de romper o que nunca serán libres de ella, y por supuesto terminan teniendo la razón. Sería de gran ayuda para cualquiera que intente superar una adicción o romper cualquier mal hábito comenzar a confesar lo que quieren ver suceder, en vez de confesar que nunca serán libres.

¿Aprobaría Dios tal comportamiento? Sorprendentemente, la Biblia afirma que Dios hace lo mismo. Dios le había prometido a Abraham que se convertiría en el padre de muchas naciones, pero por mucho tiempo, Abraham no tenía hijos. Dios cambió su nombre de Abram, que significa "alto, padre exaltado", a Abraham, que significa "padre de una multitud" (vea Génesis 17:5). Los nombres y sus significados tenían mucho más peso en los días de Abraham de lo que tiene hoy en día. Por lo tanto, cada vez que Dios o cualquier otra persona pronunciaban el nombre de Abraham, declaraba que Abraham sería de hecho el padre de una multitud.

Leemos en el libro de Romanos que Dios da vida a los muertos, y llama las cosas que no están en existencia como si lo estuvieran (vea Romanos 4:17). Dios habla cosas a la existencia. Usó palabras para crear el mundo, y es con su Palabra que Él actualmente sostiene y mantiene el universo (vea Hebreos 1:3). Quizás usted no tenga dificultad alguna creyendo que las palabras de Dios tienen el poder, pero duda de que su propias palabras lo tengan. Tal vez le ayude recordar que usted ha sido creado a la imagen de Dios y se le ha dicho que lo imitara.

Y creó Dios al hombre a su imagen, a imagen de Dios lo creó; varón y hembra los creó.

Génesis 1:27

Sed, pues, imitadores de Dios como hijos amados.

Efesios 5:1

Piense antes de hablar

Estoy segura que alguien le ha dicho en algún momento de su vida: "Piense antes de hablar". La verdad es que mucho de lo que pensamos, literalmente, sale de nuestras bocas sin previsión en cuanto a cómo sonará o lo que pueda crear. Podemos aprender a disciplinarnos lo suficientemente para no decir todo lo que pasa por nuestra mente, pero si meditamos en algo frecuentemente, generalmente terminamos diciéndolo. Aun si se trata de algo que no queremos que nadie se entere que estábamos pensando, en un momento de descuido, se nos escapa por los labios.

Recientemente estaba con una amiga que llevaba algo que no complementaba la forma de su cuerpo. Mientras yo más pensaba lo mal que le quedaba, más difícil se me hacía decírselo. Lamentablemente, terminé diciéndole (¡en amor, por supuesto!), pero me di cuenta inmediatamente que mi comentario la hizo sentir mal. Incluso intenté arreglar mi error diciendo: "Lo que llevas puesto simplemente no te hace justicia; se vería mejor si la blusa estuviera más corta, ¡bla, bla, bla!". Al final, simplemente dije: "Siento tanto haberte dicho eso". Ella dijo: "Yo sabía que no me lucía bien, pero era nueva y simplemente quería ponérmela". El momento en que tuve el pensamiento acerca de su elección de ropa, debí haberme susurrado a mí misma: "Joyce, no es asunto tuyo lo que ella lleva puesto". Gracias a Dios, somos muy buenas amigas y ella no se molestó, pero Dios me hizo saber que yo había sido muy tonta.

Este es un pequeño ejemplo de cómo puedo dejar escapar las cosas, sin pensar en el daño que hará, y tal vez usted tiene esa capacidad "maravillosa" también. Pensé algo, lo dije, lastimó a mi amiga, y todo esto sucedió en unos pocos segundos. Es aterrador cuán rápidamente las cosas pueden pasar por nuestras mentes y terminar fuera de nuestras bocas.

Creo que es casi imposible para nosotros controlar nuestras bocas a menos que primero aprendamos a controlar nuestras mentes. No podemos hacer ninguna de las dos cosas sin la gracia (ayuda) de Dios, así que lo primero que hay que hacer es orar. El salmista David oraba regularmente que las meditaciones de su corazón y las palabras de su boca fueran aceptables a Dios (vea Salmo 19:14). También oró para que Dios estableciera un guardia sobre su boca y vigilara a la puerta de sus labios (vea Salmo 141:3). David sabía que necesitaba la ayuda de Dios en esta área tan importante. Ambas escrituras son buenas para orar diariamente.

Una palabra es un pensamiento revelado

Cuando hablamos, nuestra vida de pensamientos está saliendo hacia afuera.

Cuando hablamos, nuestra vida de pensamientos está saliendo hacia afuera. Si no queremos que nuestros pensamientos sean revelados, entonces más nos vale no pensarlos por demasiado tiempo, porque si lo hacemos, por lo general encuentran una manera de salir. Jesús dijo que lo que está en el corazón sale por la boca (vea Mateo 12:34), y Jesús siempre tiene la razón. No es seguro seguir pensando acerca de algo si usted realmente no quiere terminar de decirlo. Claro, hay una posibilidad de que usted se pudiera controlar a sí mismo y nunca decir lo que piensa, pero creo que sería mejor no correr el riesgo. Creo que la conexión entre la mente y la boca puede ser la más fuerte que experimentemos. Cuando las dos se unen y están de acuerdo, el resto de nuestro destino está sellado. Si tengo pensamientos de enojo y hablo palabras de enojo, comenzaré a sentirme enojada en mis emociones, y más que probablemente mostraré un comportamiento de enojo hacia alguien antes de que pase mucho tiempo. ¡La conexión de la mente es poderosa en verdad!

No siempre podemos decirle a una persona si estamos pensando algo mal acerca de ella. Pero por lo general terminamos diciéndole a alguien, y ese alguien puede que se lo diga a alguien más, y así sucesivamente, hasta que hemos creado un problema enorme que se podía haber evitado si tan sólo hubiéramos escogido pensar algo bueno. Podemos vencer el mal solamente con bondad, nada más funciona (vea Romanos 12:21).

Al aprender cómo desechar los pensamientos e imaginaciones equivocadas, aprendí que la única forma de eliminar los malos y evitar que vuelvan era llenarme la mente con algo bueno. De esta forma cuando los malos volvían (y siempre lo hacen), no encontrarían lugar por dónde entrar.

No tome pensamiento alguno, diciendo...

El apóstol Mateo nos enseña a no preocuparnos y confesar la preocupación por nuestra boca: "Así que no se preocupen diciendo: '¿Qué comeremos?' o '¿Qué beberemos?' o '¿Con qué nos vestiremos?'" (Mateo 6:31, NVI). Tengo mucha experiencia con la preocupación, y tal vez usted también. Parece ser algo bastante fácil de hacer para la mayoría de nosotros. Es interesante la cantidad de tiempo que gastamos al preocuparnos, porque es totalmente inútil. Tan pronto ocurre un problema, el impulso natural es preocuparse, pero rápidamente podemos cambiarlo por confianza en Dios. La confianza es el antídoto de Dios para la preocupación y la ansiedad. Cuando me encuentro preocupándome, suelo decir en voz alta: "Dios, confío en ti". Descubrí hace mucho tiempo que la manera de romper un patrón de pensamiento que yo no quiero es con decir algo más. Nos da suficiente tiempo para retomar el control de nuestros pensamientos y redirigirlos. Es cierto que lo que está en nuestro corazón sale por nuestra boca, pero también es cierto que lo que hablamos por nuestras bocas se meterá en nuestros corazones. Podemos renovar nuestro pensamiento con palabras intencionales.

Dios nos ha dado el don y la responsabilidad de los pensamientos y las palabras, así que usémoslos sabiamente. Pongámoslos a trabajar en nuestras vidas de una manera que sea agradable a Él.

Nunca ha prestado mucha atención a disciplinar sus pensamientos, esto puede parecer una montaña que no está usted seguro si puede hacerle frente, pero si yo puedo hacerlo, cualquiera puede. Tuve grandes problemas en esta área. No con los pequeños, sino con los *enormes*. Poco a poco, con la ayuda y la persistencia de Dios, he experimentado cambios importantes en cómo mi mente funciona.

Parece una tarea bastante fácil ahora el simple hecho de no pensar en algo que sé no es algo bueno. Claro, no siempre tengo éxito, pero ahora triunfo más de lo que fracaso, y ese progreso vale la pena celebrarlo. Estudio frecuentemente en esta área, ya que es bastante fácil volver a caer en los malos hábitos y comenzar incendios con mi lengua que no podría extinguir. Tómese la Palabra de Dios como se tomaría la medicina.

Si usted es débil en cualquier área, entonces estudie en esa área y comenzará a mejorar. Estudie los pensamientos, la mente, las palabras, la boca y la lengua. Usted se sorprenderá cuántos versículos de la Escritura Dios ha incluido sobre estos temas. Hay demasiados como para ignorarlos o tomarlos a la ligera.

Enseño y escribo frecuentemente acerca de este tema, porque no habría ninguna esperanza de que alguien disfrute de la vida por la cual Jesús murió para dárnosla, sin tener conocimiento de estas áreas. El apóstol Pedro dijo que si queremos disfrutar de la vida, debemos mantener nuestras lenguas libres del mal y nuestros labios de engaño (vea 1 Pedro 3:10).

El apóstol Santiago dijo que si alguno se cree ser religioso y no refrena su lengua, entonces su servicio religioso de nada sirve (vea Santiago 1:26). Refrenar su lengua significa controlarla. Dios nos ha dado el fruto de dominio propio para que podamos ser capaces de permitir o impedir comportamientos en nuestras propias vidas. Podemos aprender cuáles conductas nos benefician a nosotros y al reino de Dios, y cuáles no, y gracias a Dios podemos escoger consecuentemente.

Puedo decir con gran convicción de que en estas áreas Dios me ha enseñado algunas lecciones que cambian la vida que he aprendido, y creo que tendrán el mismo efecto en usted. Si tiene que hacerlo, lea este capítulo una y otra vez hasta que sienta que se haya convertido en parte de usted. Con la ayuda de Dios, aprenda a controlar sus pensamientos y no permita que su mente divague. No deje que el diablo la use como un vertedero de basura. Elija sus pensamientos cuidadosamente, teniendo en mente que se convertirán en sus palabras y en última instancia, sus sentimientos y el comportamiento.

Inclina tu oído y oye las palabras de los sabios, y aplica
tu corazón a mi sabiduría; porque es cosa deliciosa, si

las guardares dentro de ti; si juntamente se afirmaren
sobre tus labios.

Proverbios 22:17-18

Esta escritura nos enseña que si guardamos la Palabra de Dios en nuestra mente, será agradable. La vida nos saldrá mejor. No sólo pensaremos en la Palabra de Dios, pero también nuestros labios se acostumbrarán a confesarla. ¡En lo que nos permitimos meditar y declarar influencia nuestro destino!

Como veamos el poder de las palabras determinará cómo las usemos. Aquí algunas sugerencias para reflexionar concernientes a cómo pensar sobre sus palabras:

- Las palabras tienen gran influencia.
- Revelan lo que está en su mente.
- Las palabras pueden herir o sanar.
- Las palabras pueden llevar a alguien a seguir hacia adelante o a darse por vencido.
- Las palabras contienen el poder de la vida y la muerte.
- Tenemos que tragarnos nuestras palabras y lidiar con sus consecuencias.
- Dios oye todas nuestras palabras.
- Las palabras correctas pueden hacer que los demás se sonrían.
- Las palabras pueden traer consuelo.
- Las palabras habladas en ira no son sabias.
- Cumpla su palabra con Dios y con los demás.

Mientras más nos demos cuenta del poder y la influencia que las palabras tienen, más cuidadosos seremos con ellas.

¡Píenselo!

- Las palabras no son meramente palabras. Son recipientes llenos de poder.

- Si usted habla y piensa cosas negativas, le dañarán y obstaculizarán el plan de Dios para su vida.

- Si usted está intentando romper un hábito, confiese lo que desea ver en vez de lo que usted nunca será.

- La oración es siempre el primer paso en controlar los pensamientos que tiene y las palabras que usted dice.

- La confianza es el antídoto de Dios para la preocupación y la ansiedad.

- En lo que usted se permite meditar y declarar influencia su destino.

CAPÍTULO 21

¡Cómo recuperar la mente cuando siente que la ha perdido!

Estaré en calma; seré dueña de mí misma.

Jane Austen, *Sentido y sensibilidad*

Con frecuencia oímos a las personas decir: "¡Me siento como si estuviera perdiendo la mente!". ¿Qué quieren decir? Por lo general están preocupadas, ansiosas, temerosas, y se sienten abrumadas por tener demasiado quehacer en la vida. Todos nos hemos sentido de la misma manera a veces y, más que probable, hemos hecho esa declaración.

Cuando nos sentimos como si estuviéramos perdiendo la mente, se debe a que no controlamos los pensamientos que permitimos pasen por ella. Cuando demasiados pensamientos la inundan y se amontonan uno encima del otro, y no encontramos solución alguna a ninguno de los problemas que se presentan, es porque no ejercimos el dominio propio con nuestros pensamientos a tiempo.

Me gusta la declaración de Jane Austen: "Estaré en calma; seré dueña de mí misma".[1] Hacerlo es una decisión que sólo la determinación firme nos ayuda a lograrlo. Dios nos ha dado toda la paz que necesitamos para vivir sin presión en un mundo que está lleno de presión por dondequiera que vamos. Vivimos en el mundo, pero gracias a Dios no tenemos que vivir como vive el mundo. Podemos tener la paz de Dios en medio de las tormentas de la vida.

Antes de que podamos disfrutar de la paz mental, debemos verdaderamente creer que tenemos dominio propio. ¡Tenemos la capacidad de controlar nuestros pensamientos, palabras y acciones! Si no lo creemos, nunca lo haremos. Si alguna vez llega a sentirse que está perdiendo su mente, el primer paso para recuperarla es tomar un inventario rápido de los pensamientos que van corriendo a través de ella y eliminar todos los que están robándole la paz. Puede que usted esté pensando: *Vamos, Joyce. No es tan fácil.* No dije que era fácil, pero sí estoy diciendo que es posible.

Puedo recordar orar a menudo: "Oh Dios, concédeme la paz mental. No creo que aguante esto por mucho tiempo más". He tenido que aprender que a menudo oro mal. Pido las cosas que Dios ya nos ha dado, pero no puedo accederlas por medio de la fe. Por favor, examine esta escritura cuidadosamente y pregúntese si usted la cree o no.

> *La paz os dejo, mi paz os doy; yo no os la doy como el mundo la da. No se turbe vuestro corazón, ni tenga miedo.*
>
> Juan 14:27

Esta escritura pone claramente la responsabilidad de recibir su paz sobre nosotros. Jesús ya nos ha dado paz. Puede que usted diga: "Bueno, si eso es cierto, entonces ¿dónde está, y por qué no me siento en paz?". Usted no puede esperar sentirla para creer que la tiene. Accedemos a todas las promesas de Dios por creer en ellas. Dios nos llama a caminar por la fe y no por vista o sentimientos (vea 2 Corintios 5:7). Frecuentemente digo que somos como las personas que intentan sentarse en una silla en la cual ya estamos sentados. Sólo imagínense la inutilidad y frustración de tal esfuerzo. Si está usted en la silla, entonces simplemente relájese y disfrútelo. Jesús nos dejó su paz, y si usted lo cree, usted comenzará a disfrutar de ella.

La paz de Dios es sólo una de las innumerables promesas

que Dios nos ha dado por medio de Jesús. Piénselo: ¿Habrá otras cosas por las cuales usted le está rogando a Dios pero ya las tiene? Estoy segura que habrá muchas, pero el dominio propio es una de ellas. Usted tiene dominio propio, y está a la espera de que usted lo ejercite. El dominio propio es un amigo que Dios nos da para ayudarnos a ser la persona que verdaderamente queremos ser y hacer las cosas que verdaderamente queremos hacer. Algunas otras cosas que tenemos en nuestro espíritu como regalos de Dios son el amor, el gozo, la paciencia, la humildad, la amabilidad, la bondad, el poder, la misericordia y la capacidad. Comenzamos a creer que las tenemos, y son desarrolladas mientras las usamos una y otra vez con la ayuda de Dios.

Los problemas de la vida que vienen en contra nuestra son las oportunidades de ejercer las cosas buenas de las cuales Dios nos ha llenado. Nunca desarrollaré la paciencia si no tengo una necesidad de ser paciente. Nunca desarrollaré la misericordia a menos que tenga que dársela a alguien que realmente no se la merece. Nunca desarrollaré el dominio propio a menos que sea tentada a perder el control.

El punto de inflexión

Creo que todos tenemos un punto de inflexión y podemos aprender a reconocer qué se siente cuando lo estemos alcanzando. Puede que usted sea capaz de hacer dos o tres cosas a la vez, equilibrándolas de tal de manera que todas se realicen sin causarle estrés, pero ¿en qué punto se abruma usted? ¿Y si aquellas dos o tres cosas se convierten en diez cosas? ¿Es eso demasiado, o puede aguantar más?

Cada uno de nosotros fuimos creados de manera distinta, adaptados perfectamente para el llamado sobre nuestras vidas. Yo tenía una capacidad sorprendente para realizar varias tareas a la vez en mis primeros años por causa de lo que Dios me había llamado a hacer. El ministerio estaba en sus primeros años, en los cuales se pone el fundamento, y la carga de trabajo que se requería era bastante pesada. En aquellos días, digamos teóricamente, yo podía fácilmente maniobrar con cuatro problemas a la vez y aun así mantener la calma. Hoy es distinto. Ahora tengo más años y estoy en una temporada distinta de mi vida. Ahora sólo puedo manejar dos cosas a la vez. Si voy más allá, empiezo a sentir que estoy llegando a mi punto de inflexión.

Yo misma me he entrenado para reconocer cuando estoy al borde de perder mi paz, y doy un paso hacia atrás y elimino una de las cosas que me está causando el problema. Después de casi cuarenta años de experiencia caminando con Dios, ¡ahora sé cuán importante es mantener mi paz! Por cierto, la Palabra de Dios no dice: "Cuando esté molesto, vaya y consiga un poco de paz", pero sí dice que "mantenga la paz" (vea Éxodo 14:14).

Si no tomo acción para eliminar uno o más de mis factores de estrés, llegaré a esa zona de peligro con la cual todos estamos familiarizados. Usted sabe, aquella en donde sentimos que estamos perdiendo la mente, y luego perdemos el control de nuestra boca y empezamos a decir todo tipo de cosas de las cuales nos arrepentiremos más tarde. Entonces empezamos a comportarnos de manera que nos avergonzaremos cuando nos calmemos y nos demos cuenta de cómo actuamos.

Puede que usted piense que tiene que lidiar con todo lo que es lanzado hacia usted, y no tiene manera alguna de eliminar cualquiera de las cosas que causan que se sienta abrumado, pero eso simplemente no es verdad. Dios nunca nos dará más de lo que podamos soportar. Si estoy sobrecargada, es mi culpa. No he manejado bien mi agenda, he dicho que sí a muchas cosas; estoy intentando complacer a todas las personas que conozco en lugar de ser guiada por el Espíritu Santo. O tal vez soy adicta al trabajo que sólo se siente validada cuando estoy trabajando y puedo quejarme con la gente acerca de cuánto tengo que hacer.

Si comenzamos el proceso de eliminación cuando percibimos que estamos alcanzando nuestro punto de inflexión, el lugar donde estamos a punto de llegar al borde, por decirlo así, y comenzamos a comportarnos mal, entonces nunca tendremos que decir o pensar: "Me siento como si estuviera perdiendo la mente".

Recuperar el control que se ha perdido

Si no tomamos la decisión de calmarnos lo antes posible, entonces perderemos el control, pero incluso en ese momento no es demasiado tarde para recuperar el control que se ha perdido. En cualquier momento que nos demos cuenta que estamos fuera de control, podemos recuperar el control al tomar la decisión de hacerlo. Aquí algunos pasos que espero le ayuden en el proceso:

- **Paso 1:** ¡Deje de hablar! Cuando nos sentimos abrumados, usualmente comenzamos a hablar con cualquiera que nos escuche, y si nadie está alrededor, somos propensos a hablar de todos modos sólo para escuchar el sonido de nuestras frustraciones. ¡Nunca recuperaremos el control a menos que dejemos de hablar y nos reorganicemos!

- **Paso 2:** Sea lo más realista posible acerca de lo que está sucediendo en realidad. ¿Se ha permitido molestarse más de lo que la situación realmente pide? ¿Es el problema que está enfrentando realmente tan malo como usted se está imaginando que es? ¿Se está preocupando acerca de cosas que ni siquiera han sucedido todavía y puede que nunca sucedan?

- **Paso 3:** Mientras empieza usted a calmarse, pregúntese si alguna de los cosas por las cuales se siente sobrecargado se puede posponer o quizás entregársele a otro para que lidie con ello. ¿Podría obtener ayuda si usted la solicita? ¿Es usted realmente el único que puede manejar las cosas que lo están presionando a usted? Sólo una persona tonta piensa que puede seguir haciendo lo mismo y obtener un resultado distinto. Así que si usted realmente quiere cambiar sus circunstancias, tendrá que estar dispuesto a hacer usted mismo algunos cambios.

- **Paso 4:** Piense acerca de lo que usted está pensando que lo está frustrando y deje de pensar acerca de ello. Eche su ansiedad en Dios y permita que le muestre lo que Él puede hacer. Siga diciendo: "Dios, yo lo suelto. ¡Confío en ti!". Dígalo hasta que sienta que se está calmando.

- **Paso 5:** Podemos manejar nuestras emociones y aprender a vivir más allá de nuestros sentimientos. Ser el amo o la señora de sí mismo bajo el liderazgo de Dios es totalmente posible, pero no sucederá mientras permita que reine la cruda emoción. No podemos evitar que los sentimientos lleguen, pero no tenemos que permitir que nos controlen. Somos totalmente capaces de usar el dominio propio aun en medio de la emoción más salvaje. Puede ser doloroso para nuestra alma, pero valdrá el esfuerzo al final. ¡Absolutamente nadie se respeta a sí mismo cuando está fuera de control!

- **Paso 6:** ¡Resista al diablo cuando aparezca! La raíz de toda falta de paz es el diablo. No es la gente ni incluso las circunstancias. Es el diablo que obra a través de las personas o las circunstancias. El diablo le ha hecho una trampa para que usted se moleste, y mientras más rápido se dé cuenta de ello y tome acción para resistirle, más fácil será.

Si usted ha perdido su mente, ¿dónde está? Realmente no se ha perdido; usted tan sólo ha entregado temporeramente el control de la misma, pero se puede recuperar rápidamente mediante la aplicación de estos pasos. Propóngase hacer cada uno en una actitud de oración, porque no tenemos éxito en nada sin la ayuda de Dios. Sin embargo, cuando ore, resista pedirle a Dios que le dé algo que Él ha declarado claramente en su Palabra que usted ya tiene. En vez de pedir paz, agradézcale a Dios que tiene paz y pídale que le ayude a caminar en ella.

Prevenir la sobrecarga mental

Junto con los pasos mencionados anteriormente, aquí algunas maneras importantes en que puede evitar la sobrecarga mental y llevar la vida gozosa y llena de paz por la cual Jesús murió para dársela:

- **Manténgase fuerte:** Mantenerse fuerte es mucho más fácil que permitirnos a nosotros mismos debilitarnos y caer en problemas. Una de las maneras que nos mantenemos fuertes es pasar regularmente tiempo de calidad con Dios. Pasar tiempo estudiando la Palabra de Dios y hablando con Él nos prepara para lo que pueda estarnos esperando a nosotros en nuestras circunstancias.

  No somos lo suficientemente fuertes como para tener éxito por nosotros mismos, pero somos fuertes en el Señor y en el poder de su fuerza (vea Efesios 6:10).

  Si tenemos un sistema inmunológico fuerte, evitaremos un montón de enfermedades, y de igual manera, si tenemos un espíritu fuerte, nos sostendrá en los momentos de presión (vea Proverbios 18:14).

- **Conózcase:** Es sabio conocer sus capacidades y limitaciones. Sé que en esta etapa de mi vida no puedo manejar tanto como podía una vez y permanecer en paz, así que simplemente no intento hacerlo. Conózcase a sí mismo, y confórmese con ser usted mismo, sin compararse con nadie más. Tengo amigos que pueden hacer mucho más que yo, pero no estoy obligada a intentar y hacer lo que ellos hacen. Sólo somos responsables de hacer lo Dios quiere que hagamos. ¡Él nunca nos da más de lo que podemos soportar!

No se sienta como un debilucho si tiene que decir: "Esto es más de lo que puedo manejar". Es una persona sabia, de hecho, quien se conoce a sí misma bien, ¡y no se empuja a sí misma a ser alguien que no es!

- **Examine sus pensamientos:** ¿Están sus propios pensamientos drenándole la energía? Si es así, cambie en lo que está pensando, y piense en cosas felices. La mayor parte de lo que hace que las personas sienten que están sobrecargadas es un temor de algún tipo que se manifiesta en la preocupación, la ansiedad y la presión. Medite en esto: Dios no me ha dado espíritu de temor, sino de poder, amor y dominio propio (vea 2 Timoteo 1:7). La Palabra de Dios contiene más energía que su preocupación. Va a sentirse a sí mismo calmarse mientras se concentra en la Palabra de Dios, la cual realmente actúa como medicina para el alma.

- **Convénzase de cambiar:** En el caso de que usted sienta que está perdiendo la mente, dígase a sí mismo que es una mentira y que tiene dominio propio y una mente sana. Recuerde que Dios está con usted y que puede usted hacer lo que tiene que hacer en la vida por medio de Él. ¿Ha hablado alguna vez con una persona que estuviera molesta, y logró calmarla al hablar con ella? Usted puede hacer lo mismo con usted mismo. ¡Podemos hablarnos a nosotros mismos para hacernos enojar o tranquilizar! Cuando yo siento una pérdida de paz o una actitud equivocada dentro de mí, digo: "Tengo que tener una charla conmigo mismo", y lo hago. ¡Siempre ayuda!

- **No se desanime:** Si la victoria no llega rápidamente, no se desanime y dé por vencido. Algunos de los problemas que tenemos son fortalezas que Satanás ha tenido durante mucho tiempo. Son áreas que él ha dominado mediante sus mentiras y engaños, y las fortalezas deben ser derribadas. Toma tiempo y voluntad seguir haciendo lo correcto hasta que obtenga un resultado correcto, sin importar el tiempo que sea necesario.

- **No se sienta culpable:** Cuando tiene problemas para mantener su mente en la condición adecuada, no se sienta culpable. Todo el mundo tiene problemas con pensamientos equivocados, y a veces el problema puede ser grave. Como creyentes en Cristo, estamos creciendo en la madurez espiritual y puede que no estemos donde tenemos que estar, pero ¡gracias Dios no estamos donde un día estuvimos!

  Acumulando pensamientos de culpabilidad encima de otros pensamientos problemáticos realmente puede hacernos sentir como si estuviéramos perdiendo la mente, así que recuerde vivir en la zona "libre de culpa" con Jesús, quien ya ha pagado por todos sus pecados.

  Mantenga una buena confesión mientras camine con Dios. No diga cosas como: "Siento como si estuviera perdiendo la mente", o "creo que perderé la mente", o "si esto sigue así, perderé la mente". Usted no perderá la mente, e incluso si se le ha extraviado, Dios le ayudará a recuperarla.

¡Piénselo!

- El dominio propio es la clave para una vida de pensamientos agradables a Dios.

- Usted vive en este mundo, pero usted no tiene que vivir como vive este mundo. Usted puede escoger vivir de una manera distinta.

- Haga un inventario de sus pensamientos y elimine aquellos que le están robando la paz.

- Cuando usted siente que ha perdido el control, aún hay tiempo para recuperarlo.

- Jesús ya le ha proporcionado su paz. Todo lo que tiene que hacer es recibirla.

EPÍLOGO

Como siempre, en el momento en que llegamos al final de cualquier libro, hemos ingerido una gran cantidad de información, y probablemente no la recordamos toda. Con ese pensamiento en mente, me gustaría reiterar lo que siento es el tema principal de este libro y lo que espero que haga por usted.

Sus pensamientos afectan todas las áreas de su vida, por lo que los hace extremadamente importantes. Ellos afectan especialmente las palabras que decimos, las actitudes y estados de ánimo que mostramos, nuestras relaciones, incluyendo nuestra relación personal con Dios, y nuestro éxito o fracaso en las cosas que hacemos.

Le exhorto a creer lo que Dios cree, aprender a pensar como pensaría Él, decir lo que dice Él, y tomar las decisiones que Él le llevará a tomar. Dios, por medio de Jesús, nos ha proporcionado una vida increíble, en la que podemos dar mucho fruto bueno para Dios y la humanidad.

Le recomiendo que le pida a Dios diariamente que le ayude con sus pensamientos y palabras, porque ellos son más importantes que cualquiera de nosotros pudiera imaginar. Los justos están llenos de vida, y los malos están llenos de muerte y miseria de todo tipo. Mientras cierro, recordemos las palabras de Dios: "**. . . os he puesto delante la vida y la muerte, la bendición y la maldición; escoge, pues, la vida, para que vivas tú y tu descendencia**" (Deuteronomio 30:19).

NOTAS

Capítulo 1: La vida que siempre ha deseado vivir

1 http://www.brainyquote.com/quotes/quotes/t/thomasaed
   149049.html.
2 Thomas Fuller, *Gnomologia* (London: T. and J. Allman, 1817);
   citado en https://www.goodreads.com/quotes/52802-all-things
   -are-difficult-before-they-are-easy.
3 http://www.brainyquote.com/quotes/quotes/f/frankacla165910
   .html.
4 http://www.goodreads.com/quotes/666437-if-you-want-to-turn
   -your-life-around-try-thankfulness.
5 http://www.brainyquote.com/quotes/quotes/e/erichoffer105510
   .html.
6 http://thinkexist.com/quotation/god_gave_you_a_gift_of
   -seconds_today-have_you/227289.html.

Capítulo 2: Mente, boca, estados de ánimo y actitudes

1 http://www.goodreads.com/quotes/812245-you-are-never-too
   -old-to-set-another-Goal-or.

Capítulo 3: Cómo pensar cuando se le dificulta la vida

1 http://www.goodreads.com/quotes/178548-if-you-don-t-like-so
   mething-change-it-if-you-can-t.
2 http://www.brainyquote.com/quotes/quotes/c/charlessta451677
   .html.

Capítulo 4: Escoja su actitud

1 Tim Stan, "In Tragedy's Aftermath, They Chose Love", *Guide-posts* (http://www.guideposts.org/inspiration/angels-on-earth
   /earth-angels/in-tragedy's-aftermath-they-chose-love.
2 "Oskar Schindler: His List of Life", http://www.oskarschindler
   .com.
3 Originalmente publicado en *Guideposts*; citado en "Focus,"
   Sermon Illustrations, http//www.sermonillustrations.com/a-z/f/
   focus.htm.

4 "Duke University Study", SermonSearch, http://www.sermon
search.com/sermon-illustrations/4525/duke-university-study/.

5 Anónimo, de "Short Stories on Positive Attitude", Paradise4
Women.com, http://paradise4women.com /short-stories-on
-positive-attitude/.

Capítulo 5: Cualquier puede ser feliz

1 http://www.goodreads.com/quotes/396401-joy-does-not-simply
-happen-to-us-we-have-to.

2 http://thinkexist.com/quotation/it_isn- t_what_you_have-or
_who_you_are-or_where/204180.html.

3 http://www.goodreads.com/quotes/69-folks-are-usually-about
-as-happy-as-they-make-their.

4 http://www.goodreads.com/quotes/110985-its-been-my
-experience-that-you-can-nearly-always-enjoy.

5 http://www.kentcrockett.com/cgi-bin/illustrations/index
.cgi?topic=Joy.

6 Kim Gaines Eckert, "The Psychology of Happiness", *Christianity
Today*, September 2013, http://www.christianitytoday.com
/women/2013/september/psychology-of-happiness.html.

7 Caroline Leaf, "Controlling Your Toxic Thoughts", Dr. Leaf,
http://drleaf.com/about/toxic-thoughts/.

Capítulo 6: El poder del enfoque

1 http://www.values.com/inspirational-quotes/4443-no-horse
-gets-anywhere-until-he-is-harnessed.

2 Carol Dweck, "The Mindset of Athletes", Mindset, http://www
.mindsetonline.com/howmindsetaffects/sports/index.html.

Capítulo 7: ¿Querría ser usted amigo de sí mismo?

1 http://thinkexist.com/quotation/any_fool_can_criticize
-condemn-and_complain- and/202966.html.

Capítulo 9: Acciones irreflexivas

1 http://www.brainyquote.com/quotes/quotes/m/marktwain
106287.html.

Capítulo 10: El poder de la perspectiva

1 "I Love Nice Thought Provoking Stories", Experience Project, http://www.experienceproject.com/stories/Love-Nice-Thought -Provoking-Stories/2848792.

Capítulo 11: ¿Qué opine acerca de tal persona?

1 Alexa Stevenson, "Probing Question: Does Talking to Plants Help Them Grow?" *Penn State News*, August 25, 2008, http:// news.psu.edu/story/141343/2008/08/25/research/probing -question-does-talking-plants-help-them-grow.

2 Stephen Brown, *Christianity Today*, April 5, 1993, p. 17.

3 http://www.sermoncentral.com/illustrations/sermon-illustration -fred-parker-stories-64295.asp.

4 http://www.goodreads.com/quotes/2887-if-you-judge-people -you-have-no-time-to-love.

5 http://www.goodreads.com/quotes/209465-things-are-not -always-what-they-seem-the-first-appearance.

6 Our Daily Bread, July 20, 1992.

Capítulo 14: Sus pensamientos y el estrés

1 Fuente desconocida, citado en "Worry", Sermon Illustrations, http://www.sermonillustrations.com/a-z/w/worry.htm.

2 Fuente desconocida, citado en "Stress", Sermon Illustrations, http://www.sermonillustrations.com/a-z/s/stress.htm.

Capítulo 15: La conexión de la mente y el cuerpo

1 Dr. Caroline Leaf, *Switch on Your Brain* (Grand Rapids, MI: Baker Books, 2013), pp. 33–38.

2 Ed y Deb Shapiro, "How Your Thoughts and Emotions Can Affect Your Body", *Huffington Post*, November 29, 2011, http:// www.huffingtonpost.com/ed-and-deb-shapiro/mind-body -relationship_b_1115165.html?view=print&comm_ref=false.

Capítulo 16: La conexión de la mente y el desempeño

1 William Shakespeare, *Henry V*, quoted at http://www.goodreads .com/quotes/ 119936-all-things-are-ready-if-our-mind-be-so.

2 http://www.brainyquote.com/quotes/quotes/m/michaeljor 104651.html.

3 http://www.mindseyesports.com/quotes/.

4 http://www.baberuth.com/quotes/.

5   http://www.brainyquote.com/quotes/quotes/j/jacknickla400460
.html.

6   http://www.mindseyesports.com/quotes/.

Capítulo 17: ¿A dónde se me fue toda la energía?

1   Philip Chircop, "Enthusiasm", A-Mused, November 6, 2012,
http://www.philipchircop.com/post/35151648435/enthusiasm
-reflect-on-this-short-story-and-then.

Capítulo 18: Pensar acerca de lo que Dios piensa de usted

1   https://www.goodreads.com/quotes/521136-jesus-came-to
-announce-to-us-that-an-identity-based.

2   http://www.brainyquote.com/quotes/quotes/s/sallyfield104637
.html.

3   http://www.goodreads.com/quotes/19884-be-yourself-everyone
-else-is-already-taken.

4   http://www.brainyquote.com/quotes/quotes/t/theodorero
380703.html.

5   "The Eagle", *Theology News and Notes*, October 1976; citado en
Multnomah Message, Spring 1993, p. 1; disponible en https://
bible.org/illustration/eagle.

Capítulo 19: Los pensamientos y el comportamiento

1   Martin Luther King, "Where Do We Go from Here?", Famous
Speeches and Speech Topics, http://www.famous-speeches-and
-speech-topics.info/martin-luther-king-speeches/martin-luther
-king-speech-where-do-we-go-from-here.htm.

Capítulo 20: La conexión de la mente y la boca

1   http://www.goodreads.com/quotes/29553-words-which-do-not
-give-the-light-of-christ-increase.

Capítulo 21: ¡Cómo recuperar la mente
cuando siente que la ha perdido!

1   Jane Austen, *Sentido y sensibilidad*, Vol. III en inglés (London:
T. Egerton, 1811); disponible en https://archive.org/details/sense
sensibility03aust.